新编21世纪高等职业教育精品教材 财务会计类

基础会计学综合模拟真账实训

环球网校会计学院／组编
本书编写组／组稿

中国人民大学出版社
·北京·

图书在版编目(CIP)数据

基础会计学综合模拟真账实训/环球网校会计学院组编. --北京：中国人民大学出版社，2021.7
新编21世纪高等职业教育精品教材．财务会计类
ISBN 978-7-300-29599-2

Ⅰ.①基… Ⅱ.①环… Ⅲ.①会计学—高等职业教育—教材 Ⅳ.①F230

中国版本图书馆CIP数据核字（2021）第132247号

新编21世纪高等职业教育精品教材·财务会计类
基础会计学综合模拟真账实训
环球网校会计学院　组编
本书编写组　组稿
Jichu Kuaijixue Zonghe Moni Zhenzhang Shixun

出版发行　中国人民大学出版社
社　　址　北京中关村大街31号　　**邮政编码**　100080
电　　话　010－62511242（总编室）　　010－62511770（质管部）
010－82501766（邮购部）　　010－62514148（门市部）
010－62515195（发行公司）　　010－62515275（盗版举报）
网　　址　http://www.crup.com.cn
经　　销　新华书店
印　　刷　北京七色印务有限公司
规　　格　260 mm×185 mm　16开本　　**版　　次**　2021年7月第1版
印　　张　17.75　　**印　　次**　2021年7月第1次印刷
字　　数　285 000　　**定　　价**　48.00元

目　录

绪　论

一、会计岗位综合模拟实训的目标和意义

会计岗位综合模拟实训是会计专业的学生从理论知识向实践能力转换必须经历的一个重要环节。本书以实际工作中企业从成立到经营过程中的业务为主线，按照现行企业会计准则以及企业会计工作的要求，让学生自动代入企业财务人员的身份，亲自动手实践，完成“单—证—账—表”一整套系统的账务处理。这样能真正做到理论联系实际，提高学生在实务操作方面的综合素质，培养实用型的会计人才，为学生毕业以后从事会计工作打下坚实的基础。

二、会计岗位综合模拟实训的内容

本书以企业会计工作的全过程为框架，以完成一个完整会计循环为内容，用真实企业的原始数据作为模拟数据来源，最终构成了会计岗位综合模拟实训的内容。具体内容如表 0－1 所示。

表 0－1　模拟实训内容

序列	内容	详情
1	了解企业相关信息	了解企业概况、组织架构、会计核算制度等相关信息。
2	建账	结合会计科目，完成所有账簿的建账操作，录入期初数据。
3	日常会计处理	企业开办期和经营期业务处理、现金收付、银行收付业务、接受投资、短期借款、固定资产和无形资产购入、购进原材料、销售商品、销售材料、应收账款和应付账款的核算、日常费用的核算。
4	成本核算	直接材料、直接人工、制造费用归集与分配的核算、完工产品的成本核算。

续表

序列	内容	详情
5	期末会计处理	各项费用的计提和摊销、计算本月应交各种税费、结转损益、计算利润和利润分配；期末对账、试算平衡和结账。
6	会计报表编制	编制资产负债表和利润表。
7	会计档案装订、归档	装订会计凭证、会计账簿、会计报表，并归档保管。

三、会计岗位综合模拟实训的必备基础知识

在进行会计岗位综合模拟实训之前，必须全面、系统地学习基础会计知识。只有掌握了这些基础知识，才能游刃有余地进行模拟实训操作。必须具备的基础知识框架内容如表 0-2 所示。

表 0-2 会计岗位综合模拟实训的必备基础知识

模块	必备基础知识	内容及要求
会计总论	会计的概念与目标	了解会计的发展历程、会计的对象与目标
		掌握会计的概念与特征
	会计的职能与方法	理解会计的基本职能和拓展职能
		掌握会计核算的内容
		掌握会计核算的方法
	会计基本假设与会计基础	了解会计基本假设
		理解会计核算基础
	会计信息质量要求	理解会计信息质量要求的内涵
	会计准则体系	了解会计准则的具体构成

续表

模块	必备基础知识	内容及要求
会计要素与会计等式	会计要素	理解会计要素的计量
		掌握会计要素的含义与分类
		掌握会计要素的确认
	会计等式	理解经济业务对会计等式的影响
		掌握会计等式的表现形式
会计科目与账户	会计科目	理解会计科目的设置
		掌握会计科目的概念与分类
	账户	了解账户与会计科目的关系
		理解账户的结构和功能
		掌握账户的概念与分类
会计记账方法	记账方法的种类	了解单式记账法的原理
		掌握复式记账法的概念、优点和种类
	借贷记账法	理解借贷记账法的基本原理
		掌握借贷记账法下的账户结构
		掌握账户的对应关系
		会编制会计分录
		会进行总分类账与明细账的平行登记
		会编制试算平衡表
会计凭证	会计凭证概述	了解会计凭证的作用
		了解会计凭证的分类
		掌握会计凭证的概念

续表

模块	必备基础知识	内容及要求
会计凭证	原始凭证	了解原始凭证的种类
		掌握原始凭证的基本内容
		理解原始凭证的填制要求，会规范正确地填制常用原始凭证
		理解原始凭证的审核要求，会规范正确地审核原始凭证
	记账凭证	了解记账凭证的种类
		掌握记账凭证的基本内容
		掌握记账凭证的填制要求，会规范正确地填制记账凭证
		了解记账凭证的审核内容，会规范正确地审核记账凭证
会计账簿	会计账簿概述	了解会计账簿的作用
		理解会计账簿的种类
		掌握会计账簿的概念
		掌握会计账簿的基本内容
	会计账簿的启用与登记要求	了解会计账簿的启用内容
		掌握会计账簿的登记要求
	会计账簿的格式和登记方法	掌握日记账的格式和登记方法
		掌握总分类账的格式和登记方法
		会登记总分类账、日记账和明细账
	对账与结账	掌握对账的概念和内容
		掌握结账的概念与程序

续表

模块	必备基础知识	内容及要求
会计账簿	错账查找与更正方法	掌握错账查找方法
		掌握错账更正方法
	会计账簿的更换与保管	掌握会计账簿的更换要求
		理解会计账簿的保管要求
账务处理程序	账务处理程序概述	了解账务处理程序的意义
		了解账务处理程序的种类
		了解账务处理程序的概念
	记账凭证账务处理程序	了解记账凭证账务处理程序的一般步骤
		了解记账凭证账务处理程序的内容
	科目汇总表账务处理程序	了解科目汇总表账务处理程序的一般步骤
		掌握科目汇总表的编制方法
		掌握科目汇总表账务处理程序的内容
财务报表	财务报表概述	了解财务报表编制前的准备工作
		理解财务报表编制的基本要求
		掌握财务报表的概念与分类
	资产负债表	了解资产负债表的作用
		了解资产负债表的一般格式
		掌握资产负债表的概念
		掌握资产负债表的列示要求
		会编制资产负债表
	利润表	了解利润表的作用
		了解利润表的一般格式
		掌握利润表的概念
		掌握利润表的列示要求
		会编制利润表

项目一

准备工作

任务一　了解模拟企业的基本信息

企业概况：京州市新大风发动机制造厂属于工业企业，主要从事汽油发动机、柴油发动机及发电机组的设计、制造、销售等，为增值税一般纳税人，适用13%的增值税税率。

公司名称：京州市新大风发动机制造厂

纳税人识别号：91320200672220538D

公司法人代表：郑快进

公司地址：京州市浦口区浦口大道88号

公司电话：086-82244660

开户银行（基本户）：中国银行京州浦口支行

账号：458558198758

1．企业法人营业执照

企业法人营业执照如图1-1所示。

编号 32020300020169230061

营业执照

统一社会信用代码 91320200672220538D

名　　称　京州市新大风发动机制造厂
类　　型　有限责任公司
住　　所　京州市浦口区浦口大道88号
法定代表人　郑快进
注册资本　1300万元整
成立日期　2020年11月15日
营业期限　2020年11月15日至******
经营范围　汽油发动机、柴油发动机及发电机组的设计、制造、销售等。
（依法须经批准的项目，经相关部门批准后方可开展经营活动）

登记机关　京州市浦口区市场监督管理局

请于每年1月1日至6月30日履行年报公示义务

2020 年 11 月 15 日

企业信用信息公示系统网址：www.jsgsj.gov.cn:58888/province

中华人民共和国国家工商行政管理总局监制

图 1-1　企业法人营业执照

2. 企业相关印鉴

企业相关印鉴如图 1-2 所示。

财务专用章

法人章

公章

发票专用章

图 1-2　企业相关印鉴

3. 企业组织架构

企业组织架构如图 1-3 所示。

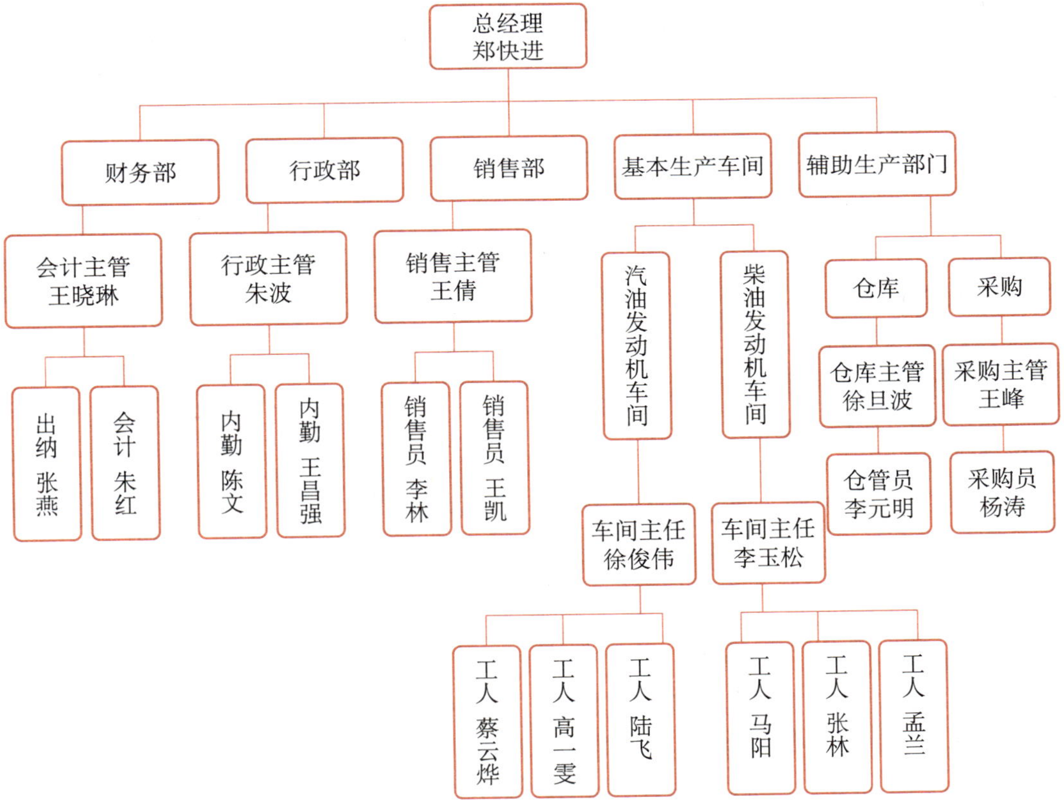
总经理
郑快进
财务部
行政部
销售部
基本生产车间
辅助生产部门
会计主管
王晓琳
行政主管
朱波
销售主管
王倩
汽油发动机车间
柴油发动机车间
仓库
采购
仓库主管
徐旦波
采购主管
王峰
出纳 张燕
会计 朱红
内勤 陈文
内勤 王昌强
销售员 李林
销售员 王凯
仓管员
李元明
采购员
杨涛
车间主任
徐俊伟
车间主任
李玉松
工人 蔡云烨
工人 高一雯
工人 陆飞
工人 马阳
工人 张林
工人 孟兰

图 1－3　企业组织架构

任务二　了解模拟企业的会计核算与相关制度

一、模拟企业的会计核算制度

（1）公司会计制度健全，执行企业会计制度。
（2）财务报表以持续经营为编制基础。
（3）会计年度自公历 1 月 1 日起至 12 月 31 日止。
（4）记账本位币为人民币（核算中金额计算保留至分位），记账文字为中文。
（5）会计核算以权责发生制为记账基础，以历史成本为计价原则。
（6）采用科目汇总表账务处理程序。
（7）未列明的其他会计事项，公司根据现行《企业会计制度》的相关规定处理。

二、库存现金管理制度

（1）公司所有现金收支由财务部出纳负责。

（2）公司在下列范围内可以使用现金：职工工资、津贴、奖金、个人劳务报酬；出差人员必须携带的差旅费、备用金；1 000 元以下零星支出。超过 1 000 元的必须采取转账支付方式，不得使用现金。

（3）公司库存现金按照国家会计制度执行，不得超过开户银行核定的现金限额，超出部分应存入银行。

（4）财务人员支付现金可以从公司库存现金限额中支出或从银行存款中提取，不得从现金收入中直接支付，一般情况下不得坐支，如果遇到特殊情况确需坐支的，必须事先报总经理和开户银行批准。

（5）出纳应当建立健全现金账目，逐日逐笔记载现金收入与支付，做到日清月结、账款相符。

三、银行存款管理制度

（1）除了规定范围内直接使用现金结算外，其他收付业务均须通过银行办理结算。

（2）公司财务专用章和法人章由会计机构负责人和出纳分别保管，严禁由一人统一保管使用。印鉴保管人临时出差时，由其委托他人代管。

（3）必须认真贯彻执行《中华人民共和国票据法》等相关的结算管理制度。

（4）出纳人员应逐日逐笔登记银行存款日记账，每日终了结出余额。会计人员应定期取得对账单并核对银行账户，每月至少核对一次，如有不相符的，应编制银行存款余额调节表。如调节不符，应查明原因，并报会计机构负责人处理。

（5）公司应建立健全支票领用登记制度。财务部必须设置支票领用登记簿，载明支票领用的日期、领用人、用途、金额、限额、审批人、签发人等事项。

四、费用报销审批制度

（1）公司费用报销包括交通费、通信费、差旅费、招待费、报刊费、车辆使用费、低值易耗品购置费、工会经费、福利费及生产经营过程中的费用等支出。

（2）报销流程：经办人申请→本部门主管审核→财务负责人审核→总经理审批→出纳支付。

（3）审核内容包括：费用报销是否经费用发生部门经理或分管领导审批；报销内容是否符合公司规定；报销凭证是否真实、合法、齐全；审批权限是否在合法授权范围及额度内。

（4）报销单上所有内容均需完整填写，严禁用圆珠笔填写报销单，严禁涂改，报销单的“经办人”务必由本人亲笔签名，单据填写不齐全或涂改的，一律不予受理。

（5）因公出差的借款，在回到单位5个工作日内需结清，不得拖欠。

（6）差旅费报销必须严格按照标准执行，如表1－1所示，超出部分由员工个人承担。

表 1-1　差旅费标准明细表

单位：元

岗位级别	住宿标准（每房计）			交通工具	餐饮费
	一线城市	省会城市	地级市（县）		
一般员工	400	350	300	火车（硬卧）、高铁（二等座）或汽车（含卧铺）	实报实销
部门负责人	450	400	350	飞机（经济舱）、火车（硬卧）、高铁（二等座）或汽车（含卧铺）	实报实销
总经理助理	500	450	400	飞机（经济舱）、高铁（二等座）、火车（软卧）	实报实销
总经理及以上	550	500	450	飞机（经济舱）、高铁（二等座）、火车（软卧）	实报实销

五、生产成本核算制度

（1）企业的柴油发动机车间、汽油发动机车间为两个单独生产的车间，公司产品采用品种法核算成本。
（2）企业辅助生产部门有采购部和仓库部。
（3）材料的领用采用月末一次加权平均来计价，领用为一次性投入。
（4）生产过程中实际消耗的直接材料、直接人工、制造费用计入产品成本。
（5）制造费用按机器工时比例进行分配。
（6）公司采用约当产量法对在产品和完工产品进行分配，约当比例统一为 50%。

六、存货管理制度

（1）存货的入账价值包括买价加运输费、装卸费、保险费以及运输途中的合理损耗。
（2）存货计价方法：按实际成本计价采用月末一次加权平均法。
（3）存货盘点方法采用永续盘存制，定期盘点库存物资，保证库存物资达到账证相符、账实相符、账账相符。
（4）库存物资的盘盈、盘亏的处理决定权由公司仓储部门与财务部门行使，并报仓库主管领导和财务主管、总经理审核批准。

七、固定资产核算制度

（1）组织执行国家有关固定资产管理的各项规章制度，会同财务管理部建立固定资产台账和卡片，负责记录固定资产取得的日期、金额、预计使用年限和使用单位等内容，并对每项固定资产进行编号管理。

（2）为确保办理固定资产业务的不相容岗位相互分离、制约和监督。同一部门或个人不得办理固定资产业务的全过程。

（3）部门定期进行全面清查盘点工作，核对账、卡、物，及时督促处理盘点中发生的问题，及时进行账务处理。

（4）固定资产折旧采用年限平均法，固定资产的类别、折旧年限和残值率如表 1－2 所示。

表 1－2　固定资产的类别、折旧年限和残值率

类别	折旧年限（年）	残值率（%）
机器机械生产设备	10	5
器具、工具、家具	5	5
运输工具	4	5
电子设备	3	5

八、主要税种、计税依据及税率核算制度

主要税种、计税依据及税率核算制度如表 1－3 所示。

表 1－3　税种、计税依据及税率的核算

税种	计税依据	税率（%）
增值税	增值额	13
城市维护建设税	应纳流转税额	7
教育费附加	应纳流转税额	3
地方教育费附加	应纳流转税额	2
企业所得税	应纳税所得额	25

九、社会保险费和住房公积金的核算制度

公司按有关规定计算缴纳社会保险费和住房公积金。基本社会保险及住房公积金以应发工资作为计提基数，计提比例如表 1－4 所示。

表 1－4　社保和公积金的核算

	养老保险	医疗保险	补充医疗	失业保险	工伤保险	生育保险	住房公积金
公司	16%	7%	0.55%	0.5%	0.35%	0.8%	8%
个人	8%	2%		0.5%			8%

十、个人所得税的核算制度

根据 2019 年颁布的个税政策计算个人所得税，起征点为 5 000 元，计算公式如下：

本期应预扣预缴税额＝（累计预扣预缴应纳税所得额×预扣率－速算扣除数）－累计减免税额－累计已预扣预缴税额

累计预扣预缴应纳税所得额＝累计收入－累计免税收入－累计减除费用－累计专项扣除－累计专项附加扣除－累计依法确定的其他扣除

其中，个税税率如表 1－5 所示。

表 1－5　个人所得税税率表

级数	累积预扣预缴应纳税所得额	税率（%）	速算扣除数
1	未超过 3.6 万元的部分	3	0
2	超过 3.6 万元至 14.4 万元的部分	10	2 520
3	超过 14.4 万元至 30 万元的部分	20	16 920
4	超过 30 万元至 42 万元的部分	15	31 920
5	超过 42 万元至 66 万元的部分	30	52 920
6	超过 66 万元至 96 万元的部分	35	85 920
7	超过 96 万元的部分	45	181 920

任务三　实训准备

一、会计核算流程

在了解模拟企业的相关信息后，开始根据经济业务进行账务处理。首先根据审核后的原始单据填制相应的记账凭证，再根据审核后的记账凭证登记明细账，编制科目汇总表，最后根据科目汇总表或者明细账登记总分类账，编制会计报表。相关核算流程如图 1－4 所示。

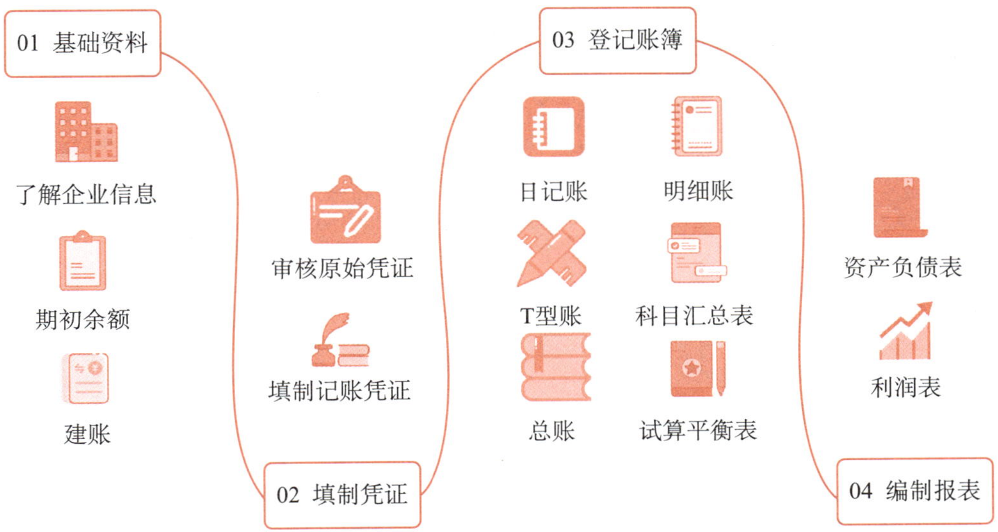

图 1－4　核算流程

本书的实训流程严格按照账务处理流程进行，请按照本书所列顺序进行学习。

二、会计科目准备

本书中，模拟企业采用《企业会计准则》(2006 年版)，根据该准则附录选择一级科目，根据核算需要设置明细科目。具体科目设置如表 1－6 所示。

表 1－6　会计科目表

科目代码	科目名称	应设置账簿
1001	库存现金	总分类账/库存现金日记账
1002	银行存款	总分类账
100201	中国银行京州浦口支行	银行存款日记账
1121	应收票据	总分类账
1122	应收账款	总分类账
112201	吕州中信汽车制造厂	三栏式明细账
112202	汉东中科汽车制造厂	三栏式明细账
112203	吕州浦发汽车制造厂	三栏式明细账
112204	京州朝阳汽车制造厂	三栏式明细账
1123	预付账款	总分类账
112301	房租	三栏式明细账
112302	京州新业创科电气设备制造厂	三栏式明细账
1221	其他应收款	总分类账
122101	房屋押金	三栏式明细账
1402	在途物资	总分类账
140201	喷油嘴	数量金额明细账

续表

科目代码	科目名称	应设置账簿
1403	原材料	总分类账
140301	缸体	数量金额明细账
140302	喷油嘴	数量金额明细账
140303	凸轮轴	数量金额明细账
140304	连杆	数量金额明细账
1405	库存商品	总分类账
140501	汽油发动机	数量金额明细账
140502	柴油发动机	数量金额明细账
1601	固定资产	总分类账/固定资产卡片明细账
1602	累计折旧	总分类账
1604	在建工程	总分类账
160401	安装工程	三栏式明细账
160402	安装设备	三栏式明细账
1701	无形资产	总分类账
1702	累计摊销	总分类账
2001	短期借款	总分类账
2202	应付账款	总分类账
220201	汉东大陆工程机械有限公司	三栏式明细账
220202	京州汇东机电设备有限公司	三栏式明细账
221103	住房公积金	三栏式明细账
2221	应交税费	总分类账
222101	应交增值税	应交增值税明细账

续表

科目代码	科目名称	应设置账簿
22210101	进项税额	应交增值税明细账
22210102	转出未交增值税	应交增值税明细账
22210103	减免税款	应交增值税明细账
22210104	销项税额	应交增值税明细账
222102	未交增值税	三栏式明细账
222103	应交所得税	三栏式明细账
222104	应交个人所得税	三栏式明细账
222105	应交教育费附加	三栏式明细账
222106	应交城市维护建设税	三栏式明细账
222107	应交地方教育费附加	三栏式明细账
2241	其他应付款	总分类账
224101	郑快进	三栏式明细账
224102	个人社保费	三栏式明细账
224103	个人公积金	三栏式明细账
224104	无锡金佳物业管理有限公司	三栏式明细账
4001	实收资本	总分类账
400101	郑快进	三栏式明细账
400102	陈林	三栏式明细账
400103	丁凯	三栏式明细账
4002	资本公积	总分类账
400201	资本溢价	三栏式明细账
4101	盈余公积	总分类账

续表

科目代码	科目名称	应设置账簿
410101	法定盈余公积	三栏式明细账
4103	本年利润	总分类账
4104	利润分配	总分类账
410401	提取法定盈余公积	三栏式明细账
410402	未分配利润	三栏式明细账
5001	生产成本	总分类账
500101	基本生产成本	多栏式明细账
50010101	柴油发动机车间	多栏式明细账
50010102	汽油发动机车间	多栏式明细账
5101	制造费用	总分类账
510101	汽油发动机车间	多栏式明细账
51010101	折旧费	多栏式明细账
51010102	工资	多栏式明细账
51010103	社保	多栏式明细账
51010104	公积金	多栏式明细账
51010105	水费	多栏式明细账
51010106	电费	多栏式明细账
51010107	租金	多栏式明细账
510102	柴油发动机车间	多栏式明细账
51010201	折旧费	多栏式明细账
51010202	工资	多栏式明细账
51010203	社保	多栏式明细账

续表

科目代码	科目名称	应设置账簿
51010204	公积金	多栏式明细账
51010205	水费	多栏式明细账
51010206	电费	多栏式明细账
51010207	租金	多栏式明细账
510103	辅助生产部门	多栏式明细账
51010301	工资	多栏式明细账
51010302	社保	多栏式明细账
51010303	公积金	多栏式明细账
6001	主营业务收入	总分类账
6051	其他业务收入	总分类账
6401	主营业务成本	总分类账
6402	其他业务成本	总分类账
6403	税金及附加	总分类账
6601	销售费用	总分类账
660101	差旅费	多栏式明细账
660102	业务宣传费	多栏式明细账
660103	工资	多栏式明细账
660104	社保	多栏式明细账
660105	公积金	多栏式明细账
660106	运输费	多栏式明细账
660107	展会费	多栏式明细账
6602	管理费用	总分类账

续表

科目代码	科目名称	应设置账簿
660201	开办费	多栏式明细账
660202	咨询费	多栏式明细账
660203	快递费	多栏式明细账
660204	工资	多栏式明细账
660205	社保	多栏式明细账
660206	公积金	多栏式明细账
660207	水电费	多栏式明细账
660208	维修费	多栏式明细账
660209	租金	多栏式明细账
660210	绿化费	多栏式明细账
660211	业务招待费	多栏式明细账
660212	折旧费	多栏式明细账
660213	无形资产摊销	多栏式明细账
6603	财务费用	总分类账
660301	利息	多栏式明细账
660302	手续费	多栏式明细账
6711	营业外支出	总分类账
671101	捐赠支出	三栏式明细账
6801	所得税	总分类账
680101	当期所得税费用	三栏式明细账
660301	利息	多栏式明细账
660302	手续费	多栏式明细账

续表

科目代码	科目名称	应设置账簿
6711	营业外支出	总分类账
671101	捐赠支出	三栏式明细账
6801	所得税	总分类账
680101	当期所得税费用	三栏式明细账

三、物料准备

根据模拟企业的经济业务，本书在附录中已提供实操所需的空白凭证、账页、报表、封皮样式，这些物料的数量根据业务涉及数量以及表格提示数量设定，和其他物料一样需自行准备。相关物料清单如表 1－7 所示。

表 1－7　会计岗位综合模拟实训用品名称

序号	名称	单位	备注
1	记账凭证	张	实际需要 81 张
2	科目汇总表	张	实际需要 2 张
3	现金日记账	张	实际需要 2 张
4	银行存款日记账	张	实际需要 2 张
5	三栏式明细分类账	张	实际需要 46 张
6	固定资产式卡片明细账	张	实际需要 8 张
7	数量金额式明细账	张	实际需要 9 张
8	通用多栏式明细账	张	实际需要 5 张
9	增值税专用多栏式明细账	张	实际需要 11 张
10	总分类账	张	实际需要 38 张

续表

序号	名称	单位	备注
11	记账凭证封面、封底	套	实际需要 2 张
12	记账凭证包角	张	实际需要 2 张
13	增值税征税扣税抵扣汇总簿	张	实际需要 1 张
14	日记账封面、封底	套	实际需要 1 套
15	总分类账封面、封底	套	实际需要 1 套
16	明细分类账封面、封底	套	实际需要 1 套
17	凭证装订机	台	自备
18	装订线	卷	自备
19	剪刀	把	自备
20	订书机	个	自备
21	订书针	盒	自备
22	资料盒	个	自备
23	直尺	把	自备
24	回形针	盒	自备
25	胶水	盒	自备
26	橡皮	只	自备
27	财会专用水笔（黑色）	只	自备
28	财会专用水笔（红色）	只	自备
29	铅笔	只	自备

项目二

建　　账

任务一　预备理论知识

建账是会计工作的起点，会计人员应准备好建账所需素材。相关素材的内容及用途如表 2-1 所示。

表 2-1　素材的分类及用途

素材	内容	用途
会计凭证	原始凭证、记账凭证	记录日常发生的经济业务
会计账簿	明细分类账、总分类账等	登记企业发生的经济业务
会计报表	资产负债表、利润表等	反映企业资产负债及经营情况
其他	原始凭证粘贴单、凭证封面、封底、包角、胶水、装订机等	辅助填制、整理、装订凭证

一、认识账簿

会计账簿是由具有一定格式、互相联系的账页所组成，用来序时、分类地全面记录一个企业、单位经济业务事项的会计簿籍。

会计账簿的种类很多，不同类别的会计账簿可以提供不同的信息，满足不同的需求。在实务工作中，通常使用以下三种方法进行分类，如图 2-1 所示。

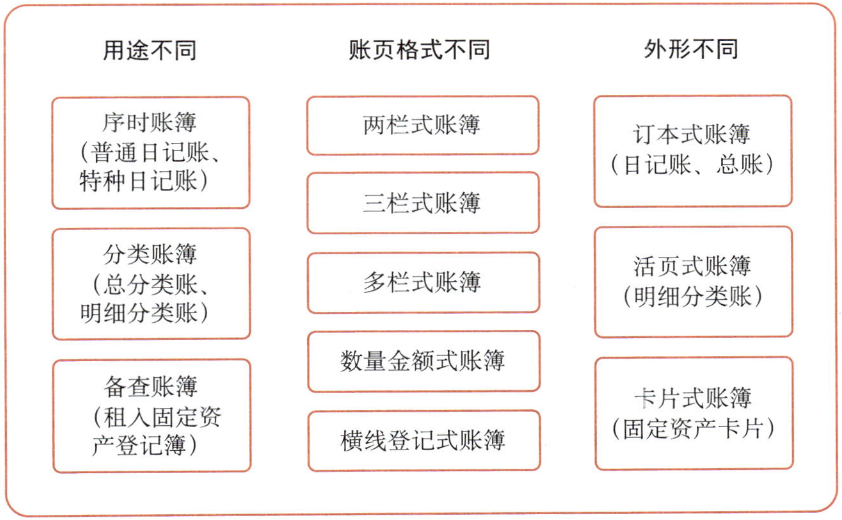

图 2－1　账簿的分类

二、账簿的用途

认识了账簿之后，我们还要了解一些常用账簿分别对应的科目类别。

总分类账：对所辖的明细账起汇总的功能。所有的会计科目都需要登记总分类账。

明细账：明细账是对所属总分类账的补充说明。所有的会计科目都需要分类登记到相对应的明细账簿中，主要有以下三种：

三栏式明细账：一般情况下，总分类账以及资本、债权、债务明细账都可采用三栏式明细账。如应收（付）账款、主营业务收入、应付职工薪酬等。

多栏式明细账：按其专栏方向的不同，可分为单方向和双方向多栏式明细账。单方向在专栏设置时，只设借方或贷方一个方向，双方向多栏式明细账设置包括借方和贷方两个方向的专栏。一般情况下，费用类明细账采用单方向多栏式明细账，如销售费用、管理费用等。应交增值税则采用双方向多栏式明细账。

数量金额式明细账：一般情况下，原材料、库存商品等采用此明细账。

三、启用账簿

新建单位和原有单位在年度开始时，会计人员均应根据核算工作的需要设置应用账簿，即平常所说的“建账”。建账基准日应以公司成立日即营业执照签发日或营业执照变更日为准。

为了保证账簿记录的合法性和会计资料的完整性，明确记账责任，在启用会计账簿时，应在账簿封面上写明账簿名称和单位名称，账簿应具备封面、扉页和账页三大基本内容。

（1）封面：主要用来标明账簿的名称，如：总分类账、明细分类账、现金日记账、银行存款日记账等。

（2）扉页：主要用来列明会计账簿的使用信息，内容包括：启用日期、账簿页数、财务负责人和主办会计签名并加盖人名章，最后盖上单位公章。

（3）账页：是账簿用来记录经济业务的主要载体，包括账户的名称、日期栏、凭证种类和编号栏、摘要栏、金额栏等基本内容。

任务二　实训设计

根据本公司的会计科目信息和账簿类型信息，进行建账工作，包括填写账簿启用及交接表。

（1）账簿启用日期为：2020 年 11 月 15 日。

（2）账簿编号顺序为：总分类账 01，库存现金日记账 02，银行存款日记账 03，明细分类账 04。

（3）将附件中的空白账簿和封面封底、账簿启用及交接表按照要求进行分类装订成册，并规范填写账簿名称和账簿启用及交接表上的相关信息。

（4）本公司为新办企业，无期初余额。

项目三

审核原始凭证

任务一　预备理论知识

会计凭证是记录经济交易或事项、明确经济责任、据以登记账簿的书面证明。会计凭证多种多样，按其填制的程序和用途分类，可以分为原始凭证和记账凭证两大类。

原始凭证又称单据，是在经济业务发生或完成时取得或填制的，用以记录或证明经济业务的发生或完成情况的文字凭据。

原始凭证按其取得的来源，可以分为自制原始凭证和外来原始凭证。外来原始凭证是指在经济业务发生或完成时，从其他单位或个人直接取得的原始凭证。例如，购买材料、商品时，从供货单位取得的发票就是外来原始凭证。自制原始凭证是指本单位有关部门和人员，在执行或完成某项经济业务时填制的，仅供本单位内部使用的原始凭证。例如，本单位购进材料验收入库，由仓库填制的入库单，车间向仓库领用材料时填制的领料单就是自制原始凭证。

原始凭证的填制要求：(1) 记录要真实；(2) 内容要完整；(3) 手续要完备；(4) 书写要清楚、规范；(5) 不得涂改、刮擦、挖补。

原始凭证的审核要求：(1) 合法性、合理性审查；(2) 真实性审查；(3) 完整性审查；(4) 正确性审查。

任务二　实训设计

根据模拟企业发生的经济业务所提供的原始凭证进行审核并整理。

(1) 将附件中每一笔业务的原始凭证裁剪下来，按规范进行整理。同一笔业务的原始凭证用回形针整理在一起，或按要求粘贴在一起。

(2) 对原始凭证的合法性、合理性进行审核。

(3) 审核无误后，按照经济业务发生的日期进行排序。

本书在附件中提供了模拟企业 2020 年 11 月和 12 月发生经济业务的相关原始凭证，原始凭证详细列表如表 3－1 和表 3－2 所示。

表 3－1　2020 年 11 月份经济业务列表

凭证号	日期	摘要	单据编号
1	2020. 11. 15	支付开办费	1-1-1、1-1-2
2	2020. 11. 15	预付房租及押金	1-2-1、1-2-2、1-2-3
3	2020. 11. 20	注册资本款项入账	1-3-1、1-3-2
4	2020. 11. 20	支付网银开户、U 盾、空白支票费	1-4-1、1-4-2
5	2020. 11. 20	提取备用金	1-5-1
6	2020. 11. 20	购买开票报税设备	1-6-1-1、1-6-1-2、1-6-2
7	2020. 11. 22	购电脑及打印机	1-7-1-1、1-7-1-2、1-7-2、1-7-3、1-7-4
8	2020. 11. 30	计提 11 月工资	1-8-1、1-8-2
9	2020. 11. 30	计提 11 月社保	1-9-1
10	2020. 11. 30	计提 11 月公积金	1-10-1
11	2020. 11. 30	购买设备	1-11-1-1、1-11-1-2、1-11-2、1-11-3、1-11-4
12	2020. 11. 30	支付电汇手续费	1-12-1
13	2020. 11. 30	结转本期损益	1-13-1

表 3－2　2020 年 12 月份经济业务列表

凭证号	日期	摘要	单据编号
1	2020. 12. 1	提取备用金	2-1-1
2	2020. 12. 1	购入轿车	2-2-1-1、2-2-1-2、2-2-2、2-2-3、2-2-4、2-2-5、2-2-6
3	2020. 12. 2	报销差旅费	2-3-1、2-3-2、2-3-3、2-3-4
4	2020. 12. 5	发放 11 月工资并代扣个人部分	2-4-1、2-4-2、2-4-3
5	2020. 12. 9	采购材料	2-5-1-1、2-5-1-2、2-5-2、2-5-3

续表

凭证号	日期	摘要	单据编号
6	2020.12.10	材料验收入库	2-6-1
7	2020.12.10	缴纳11月社保	2-7-1、2-7-2、2-7-3、2-7-4
8	2020.12.13	采购材料	2-8-1-1、2-8-1-2、2-8-2、2-8-3、2-8-4
9	2020.12.15	支付法律顾问费	2-9-1-1、2-9-1-2、2-9-2、2-9-3
10	2020.12.17	支付快递费	2-10-1-1、2-10-1-2、2-10-2
11	2020.12.19	支付宣传费	2-11-1-1、2-11-1-2、2-11-2、2-11-3
12	2020.12.20	缴纳12月公积金	2-12-1、2-12-2、2-12-3
13	2020.12.20	支付水电费	2-13-1、2-13-2-1、2-13-2-2、2-13-3、2-13-4、2-13-5、2-13-6、2-13-7
14	2020.12.25	采购材料	2-14-1-1、2-14-1-2、2-14-2、2-14-3、2-14-4
15	2020.12.27	销售货物	2-15-1
16	2020.12.27	支付维修费	2-16-1-1、2-16-1-2、2-16-2、2-16-3
17	2020.12.28	销售原材料	2-17-1
18	2020.12.28	利息收入	2-18-1
19	2020.12.29	对外捐赠	2-19-1、2-19-2、2-19-3
20	2020.12.30	支付运输费	2-20-1-1、2-20-1-2、2-20-2、2-20-3
21	2020.12.30	支付手续费	2-21-1
22	2020.12.30	支付展会费	2-22-1-1、2-22-1-2、2-22-2、2-22-3
23	2020.12.30	支付租金	2-23-1、2-23-2-1、2-23-2-2
24	2020.12.30	购入铣床	2-24-1-1、2-24-1-2、2-24-2、2-24-3、2-24-4、2-24-5
25	2020.12.30	借入短期借款	2-25-1
26	2020.12.30	吸收投资	2-26-1、2-26-2
27	2020.12.30	暂估入库	2-27-1

续表

凭证号	日期	摘要	单据编号
28	2020.12.31	领用原材料	2-28-1
29	2020.12.31	领用原材料	2-29-1
30	2020.12.31	销售货物	2-30-1
31	2020.12.31	收到承兑汇票	2-31-1
32	2020.12.31	收到货款	2-32-1
33	2020.12.31	销售货物	2-33-1
34	2020.12.31	预付账款	2-34-1、2-34-2
35	2020.12.31	销售货物	2-35-1、2-35-2
36	2020.12.31	预收货款	2-36-1
37	2020.12.31	支付绿化费	2-37-1-1、2-37-1-2、2-37-2、2-37-3
38	2020.12.31	报销业务招待费	2-38-1、2-38-2、2-38-3
39	2020.12.31	购金蝶软件	2-39-1-1、2-39-1-2、2-39-2、2-39-3
40	2020.12.31	归还郑快进借款	2-40-1、2-40-2
41	2020.12.31	计提折旧	2-41-1
42	2020.12.31	计提 12 月无形资产摊销	2-42-1
43	2020.12.31	计提 12 月工资	2-43-1、2-43-2
44	2020.12.31	计提 12 月社保	2-44-1
45	2020.12.31	计提 12 月公积金	2-45-1
46	2020.12.31	结转 12 月制造费用	2-46-1、2-46-2、2-46-3
47	2020.12.31	12 月产品完工入库	2-47-1、2-47-2、2-47-3、2-47-4、2-47-5
48	2020.12.31	结转 12 月产品成本	2-48-1
49	2020.12.31	计提 12 月增值税	2-49-1

续表

凭证号	日期	摘要	单据编号
50	2020.12.31	计提 12 月附加税	2-50-1
51	2020.12.31	计提 12 月所得税	2-51-1
52	2020.12.31	结转本期损益	2-52-1
53	2020.12.31	结转本期损益	2-53-1
54	2020.12.31	结转本年利润	
55	2020.12.31	提取法定盈余公积	2-55-1

项目四

填制记账凭证

任务一　预备理论知识

记账凭证又称记账凭单，或分录凭单，是会计人员根据审核无误的原始凭证按照经济业务事项的内容加以归类，并据以确定会计分录后所填制的会计凭证。它是登记账簿的直接依据。在实际工作中，为了便于登记账簿，需要将来自不同的单位、种类繁多、数量庞大、格式大小不一的原始凭证加以归类、整理，填制具有统一格式的记账凭证，确定会计分录并将相关的原始凭证附在记账凭证后面。

一、记账凭证的基本内容

按照用途可分为专用记账凭证和通用记账凭证；按照填列方式可分为单式记账凭证和复式记账凭证；按照其反映的经济业务的内容来划分，通常可分为收款凭证、付款凭证和转账凭证。

记账凭证必须具备的基本内容：（1）填制单位的名称；（2）记账凭证的名称；（3）填制凭证的日期；（4）凭证的编号；（5）经济业务内容的摘要；（6）应借、应贷的会计科目（包括一级科目、二级科目或明细科目）和金额；（7）所附原始凭证的张数；（8）会计主管、制证、审核、记账等有关人员的签名或盖章。

二、记账凭证的填制要求

为了使记账凭证能够真实、正确、完整地反映经济业务，记账凭证的填制必须符合以下要求：

（1）正确、简明地填写摘要。记账凭证的摘要栏要用简练明确的语句概括经济业务内容的要点，这主要是为了便于查阅凭证和登记账簿。

（2）明确业务记录。在一张记账凭证上，不能把不同类型的经济业务合并填制一张记账凭证；在一张记账凭证上，只能反映某一项经济业务，或若干项同类经济业务。

（3）准确使用会计科目。必须按规定的会计科目及其核算内容，正确编制会计分录，确保科目的准确运用。

(4) 注明记账凭证的附件。记账凭证所附的原始凭证必须完整无缺，并在记账凭证上注明原始凭证的张数，以便核对摘要及所编会计分录是否准确无误。

(5) 凭证按顺序编号。如果企业的各种经济业务的记账凭证，采用统一的一种格式（通用格式），凭证的编号可采用顺序编号法，即按月编顺序号。业务极少的单位可按年编顺序号。

(6) 填写内容齐全。记账凭证中的各项内容必须填写齐全，并按规定程序办理签章手续，不得简化。

三、记账凭证的填制方法

(1) 填制记账凭证的日期。一般是会计人员填制记账凭证的当天，也可根据管理需要填写会计交易或事项发生日期或月末日期。

(2) 记账凭证的编号。通用记账凭证按会计交易或事项的顺序编号，不得缺号、断号。如有一笔会计交易或事项需要编制多张记账凭证时，采用“分数编号法”。例如，某张记账凭证需要编制 3 张，而该凭证的顺序号为 1 时，编号为 1 1/3，1 2/3，1 3/3。

(3) 会计科目的填写。采用“借贷记账法”编制会计分录，先借后贷，可以填制一借多贷或多借一贷的会计分录。

(4) 记账凭证摘要的填写。摘要栏是对会计交易或事项的简要说明，要真实准确、简明扼要、书写工整。

四、记账凭证的审核

记账凭证的审核工作一般由会计主管或财务经理负责，有时财务人员之间也可内部交叉检查审核。

记账凭证的审核需要注意以下三点：审核基本内容是否填写完成，附件数与后附单据的数量是否一致；审核摘要和分录是否与原始凭证记载的经济业务相符；审核签章是否完整。

任务二　实训设计

根据模拟企业 2020 年 11 月和 12 月业务情景内容以及所附的原始凭证，进行账务处理。其中，11 月为筹建期，按照筹建期相关要求进行账务处理；12 月为经营期，按照经营期相关要求进行账务处理。

（1）填制记账凭证。根据审核后的原始凭证，填制记账凭证；涉及成本核算和月末损益结转的业务，需自行进行计算后，再填制记账凭证。

（2）记账凭证填制完成后，请将同一笔业务的原始凭证粘贴在已填制的记账凭证后面，并按凭证号的先后顺序进行排序整理。

（3）记账凭证填写完毕之后，需进行审核，并由审核人员确认签字。

以下为模拟企业 2020 年 11 月和 12 月业务的详情说明：

（1）11 月 15 日—30 日会计事项对应的原始凭证。

【业务情景 1】支付开办费。2020 年 11 月 15 日，收到京州市易道会计师事务有限公司代本公司代办的各种印章、证件及开具的增值税普通发票，代办费用 1 000 元由郑快进以现金代公司支付。

＊会计理论：开办费是指企业在达到经营期之前，即筹建期发生的费用，包括人员工资、办公费、培训费、差旅费等。筹建期发生的开办费不按照具体事项记入对应费用类科目，而是都记入"管理费用——开办费"科目。

【业务情景 2】预付房租及押金。2020 年 11 月 15 日，郑快进个人以现金代公司支付 2020 年 11 月至 2021 年 1 月的房租 18 000 元，另外支付押金 6 000 元；收到京州恒云房产有限公司开具的收据。

＊会计理论：房租一般按季度、半年度或者年度等预付，通过"预付账款"科目核算。预付的押金通过"其他应收款"核算；应付郑快进的代垫款项，通过"其他应付款"科目核算。其他应付款的核算除了应付票据、应付账款、应付职工薪酬等，还包括其他的应付或者暂收款项。

【业务情景 3】注册资本款项入账。2020 年 11 月 20 日，收到银行通知基本户的开户许可证已经办理完成；公司收到股东郑快进投入注册资本 1 000 万元，股东陈林注入注册资本 300 万元，通过转账存入公司基本户，取得网银回单。

＊会计理论：公司收到股东投入的资本记入"实收资本"科目。

【业务情景 4】支付网银开户、U 盾、空白支票费。2020 年 11 月 20 日，出纳去银行领取开户许可证并办理基本户网银，以银行存款支付 U 盾 450 元、网银年费 240 元；购买空白现金支票 25 张，计 30 元；购买空白转账支票 25 张，计 30 元。银行总计划扣 750 元。

＊会计理论：筹建期间发生的网银开户、U 盾、空白支票费，属于开办费性质，记入"管理费用——开办费"科目。

【业务情景 5】提取备用金。2020 年 11 月 20 日，公司开业初期，出纳签发现金支票到银行提取备用金 10 000 元。

＊会计理论：出纳提取备用金之前，要查询银行账户余额，防止开具空头支票。

【业务情景 6】购买开票报税设备。2020 年 11 月 20 日，出纳到税务局用现金购买公司税控开票设备和 CA，取得增值税专用发票。

＊会计理论：按现行增值税制度的规定，企业初次购买增值税税控系统专用设备支付的费用以及缴纳的技术维护费允许在增值税应

纳税额中全额抵减的，按规定抵减的增值税应纳税额，一般借记“减免税款”等科目，冲减“管理费用”，或者贷记“营业外收入”科目。

【业务情景 7】购买电脑及打印机。2020 年 11 月 22 日，采购部申请购买办公电脑及打印机一批，取得增值税专用发票，转账支付。

* 会计理论：电脑与打印机价值相对较高，使用年限一般为一年以上，达到固定资产的确认标准，应当作为固定资产入账并建立卡片。

【业务情景 8】计提本月工资。2020 年 11 月 30 日，计提本月工资。

* 会计理论：工资计算一般由人事部门负责，通常在当月月底根据考勤、基本工资、加班、奖金等各种情况，核算出每个人的应发工资，根据应发工资计算出社保、公积金、个税，最后得到员工的实发金额。制作好的工资表交给财务，并由财务来计提工资。

【业务情景 9】计提本月社保。2020 年 11 月 30 日，计提本月社保。

* 会计理论：同业务情景 8。

【业务情景 10】计提本月公积金。2020 年 11 月 30 日，计提本月公积金。

* 会计理论：同业务情景 8。

【业务情景 11】购买固定资产。2020 年 11 月 30 日，采购部申请购买一台锻造机床、一套锻造机床工具套装，使用部门为柴油发动机车间；以及一台数控机床、一套数控机床工具套装，使用部门为汽油发动机车间。取得增值税专用发票，转账支付。

* 会计理论：价值相对较高，使用年限一般为一年以上，达到固定资产的确认标准，应当作为固定资产入账并建立卡片。

【业务情景 12】支付电汇手续费。2020 年 11 月 30 日，银行从账户自动扣取本月转账业务手续费 32 元。

* 会计理论：筹建期间发生的银行手续费，属于开办费性质，记入“管理费用——开办费”科目。

【业务情景 13】结转本期损益。2020 年 11 月 30 日，结转本月损益。

* 会计理论：结转损益是指在每月期末，将损益类科目的余额，全部结转到“本年利润”中，通过“本年利润”科目结出本月份的利润总额或者亏损总额。将所有收入类科目余额转入“本年利润”时，借记收入类科目，贷记“本年利润”；将所有成本支出类科目余额转入“本年利润”时，借记“本年利润”，贷记成本支出类科目。

（2）12 月 1 日—31 日会计事项对应的原始凭证。

【业务情景 1】提取备用金。2020 年 12 月 1 日，出纳签发现金支票到银行提取备用金 20 000 元。

* 会计理论：出纳提取备用金之前，先要查询银行账户余额，防止开具空头支票。

【业务情景 2】购入交通工具。2020 年 12 月 1 日，购入轿车一辆，预计使用年限为 4 年，预计净残值率为 5%，采用平均年限法计提折旧。财务收到汽车发票及车辆购置税的完税凭证，确认无误后付款。

* 会计理论：（1）初始支出，包括汽车价款、车辆购置税、机动车车牌上牌费、机动车登记证书工本费、手续费等，记入“固定资

产”科目。（2）后续支出，包括交通强制保险费、一般机动车，记入“期间费用”科目。（3）额外支出，包括交通违章罚款、事故赔偿款等，记入“营业外支出”科目。

【业务情景 3】报销差旅费。2020 年 12 月 2 日，销售部王倩去武汉出差，差旅费发票总共 3 650 元，出纳现金报销。

＊会计理论：公司员工发生的与经营活动有关的合理的差旅费，需要提供证明其真实性的合法凭证，包括：出差人员姓名、地点、时间、任务、支付凭证等。如果出现逻辑关系混乱，真实性不能保证的车票或者支付凭证，则不能作为差旅费在税前扣除。

【业务情景 4】发放 11 月工资并代扣个人部分。2020 年 12 月 5 日，财务通过网银支付 11 月工资，代扣社保、公积金个人承担部分，并代扣个人所得税。

＊会计理论：企业发生的合理的工资、薪金支出，准予扣除。上述所称工资、薪金，是指企业每一纳税年度支付给在本企业任职或者受雇的员工的所有现金形式或者非现金形式的劳动报酬，包括基本工资、奖金、津贴、补贴、年终加薪、加班工资，以及与员工任职或者受雇有关的其他支出。

【业务情景 5】采购材料。2020 年 12 月 9 日，向京州汇东机电设备有限公司采购喷油嘴 65 件，货物尚未到达公司，今日财务收到发票，审核无误后付款。

＊会计理论：单位采购的原材料，尚未验收入库的记入“在途物资”科目。

【业务情景 6】材料验收入库。2020 年 12 月 10 日，12 月 9 日向京州汇东机电设备有限公司采购的 65 件喷油嘴，今日全部送达公司并验收入库。

＊会计理论：本月业务情景 5 采购的喷油嘴尚未验收入库，暂记入“在途物资”科目中，今日喷油嘴已全部验收入库，因此冲减“在途物资”。

【业务情景 7】缴纳 11 月社保。2020 年 12 月 10 日，缴纳员工 11 月社保费。

＊会计理论：社保分为单位缴纳部分与个人缴纳部分，单位缴纳部分冲减“应付职工薪酬”，个人缴纳部分冲减“其他应付款”。

【业务情景 8】采购材料。2020 年 12 月 13 日，向汉东大陆工程机械有限公司采购发动机缸体 180 件，已验收入库，财务收到发票支付款项 115 720 元，剩余 20 000 元未付。

＊会计理论：采购发票必须真实、合法、有效。一般纳税人须取得增值税专用发票，按照专用发票上注明的税额进行税额抵扣，按照专用发票上注明的金额计入采购成本。发票上注明的数量、金额应与材料入库单上注明的数量、金额一致。采购的原材料已经验收入库的，直接记入“原材料”科目。

【业务情景 9】支付法律顾问费。2020 年 12 月 15 日，支付吕州中山律师事务所法律顾问费，共 15 000 元。

＊会计理论：公司发生的法律顾问费，一般记入“管理费用”及其明细科目，作为公司的费用，可以在所得税前扣除。

【业务情景 10】支付快递费。2020 年 12 月 17 日，顺丰快递费共 731 元，财务收到发票确认无误后支付。

＊会计理论：公司发生的快递费，一般记入“管理费用”及其明细科目，作为公司的费用，可以在所得税前扣除。

【业务情景 11】支付宣传费。2020 年 12 月 19 日，百度推广费用共 150 000 元，财务收到发票确认无误后支付。

＊会计理论：企业发生的符合条件的广告费和业务宣传费支出，除国务院财政、税务主管部门另有规定外，不超过当年销售（营业）收入 15%的部分，准予扣除；超过部分，准予在以后纳税年度结转扣除。

【业务情景 12】缴纳 12 月公积金。2020 年 12 月 20 日，申报并缴纳员工公积金。

＊会计理论：公积金与社保一样，分为单位承担部分与个人承担部分。单位承担部分冲减“应付职工薪酬”，个人承担部分冲减“其他应付款”。

【业务情景 13】支付水电费。2020 年 12 月 20 日，本月共发生外购燃料及动力费如下：水费总计 2 500 元，按各部门耗用水量进行分配；电费总计 19 302.63 元，按部门用电量分配。

＊会计理论：厂部发生的水费，直接记入“管理费用”科目。基本生产车间发生的水费，属于间接费用，记入“制造费用”科目。除基本生产车间外的其他部门统称为厂部，辅助部门用量不单独核算。

【业务情景 14】采购材料。2020 年 12 月 25 日，向汉东大陆工程机械有限公司采购的原材料已验收入库，财务收到发票，审核无误后付款。

＊会计理论：采购发票必须真实、合法、有效。一般纳税人须取得增值税专用发票，按照专用发票上注明的税额进行税额抵扣，按照专用发票上注明的金额计入采购成本。发票上注明的数量、金额应与材料入库单上注明的数量、金额一致。采购的原材料已经验收入库的，直接记入“原材料”科目。

【业务情景 15】销售货物。2020 年 12 月 27 日，销售给吕州中信汽车制造厂柴油发动机 45 件，款项尚未收到。

＊会计理论：柴油发动机是本公司的主营业务产品，因此产生的收入记入“主营业务收入”科目。

【业务情景 16】支付维修费。2020 年 12 月 27 日，生产设备出现故障，请京州精邦修理有限公司的人员进行维修，修复完成后，经办人员将发票交给财务，财务审核无误后付款。

＊会计理论：车间设备维修费，按照最新的规定应记入“管理费用”科目，不再记入“制造费用”科目。将生产车间发生的修理费直接记入“管理费用”科目，是基于修理费应该费用化；如果按原制度记入“制造费用”科目，则计入了存货，进行了资本化。

【业务情景 17】销售原材料。2020 年 12 月 28 日，销售给吕州浦发汽车制造厂凸轮轴 88 件，并结转成本，款项尚未到账。

＊会计理论：凸轮轴是本单位的原材料，销售原材料不是单位的主营业务，因此产生的收入记入“其他业务收入”科目，相应成本记入“其他业务成本”科目。

【业务情景 18】利息收入。2020 年 12 月 28 日，收到四季度银行利息 258.79 元。

＊会计理论：收到银行的利息收入，冲减“财务费用”。

【业务情景 19】对外捐赠。2020 年 12 月 29 日，总经理郑快进通过红十字会捐赠 200 000 元给中国少年儿童基金会。

＊会计理论：企业发生的公益性捐赠支出，不超过年度利润总额 12%的部分，准予扣除。

【业务情景 20】支付运输费。2020 年 12 月 30 日，收到京州飞驰运输有限公司的运输费发票，财务审核后得知是销售商品的运输费，确认无误后付款。

＊会计理论：运费的发生根据不同的部门或者不同业务，可以计入不同的费用。销售部申请支付运费，说明是为了销售商品而发生的，因此发生时应记入“销售费用”科目。

【业务情景 21】支付手续费。2020 年 12 月 30 日，网银手续费共 65 元，款项已从银行账户中自动扣除。

＊会计理论：银行转账发生的手续费，记入“财务费用”科目进行核算。

【业务情景 22】支付展会费。2020 年 12 月 30 日，财务收到销售部在上海参展的发票，共 87 000 元，财务审核无误后付款。

＊会计理论：企业发生的符合条件的广告费和业务宣传费支出，除国务院财政、税务主管部门另有规定外，不超过当年销售（营业）收入 15%的部分，准予扣除；超过部分，准予在以后纳税年度结转扣除。

【业务情景 23】支付租金。2020 年 12 月 30 日，财务收到本季度租金发票，下月安排付款。按各区域占总面积的比例进行分摊。

＊会计理论：租金按不同的部门记入相应的会计科目。

【业务情景 24】购入生产设备。2020 年 12 月 30 日，购入生产设备铣床一台，预计使用年限为 10 年，预计净残值率为 5%，采用平均年限法计提折旧。财务收到发票，审核无误后予以支付。

【业务情景 25】借入短期借款。2020 年 12 月 30 日，向银行申请 1 000 000 元的贷款，今日已到账。

＊会计理论：向银行或其他金融机构等借入的期限在 1 年以下（含 1 年）的各种借款记入“短期借款”科目。

【业务情景 26】吸收投资。2020 年 12 月 30 日，通过公司股东会，同意投资者丁凯加入，其需缴入资金 1 200 000 元，其中 1 000 000 元享有公司约 7.14%的股份，其余部分 200 000 元作为资本公积。投资款已到账。

＊会计理论：公司收到股东投入的资本记入“实收资本”科目，超过约定比例的股份，记入“资本公积”科目。

【业务情景 27】暂估入库。2020 年 12 月 30 日，向杭州万翔电气设备制造厂采购一批原材料，材料已验收入库，发票下月开具，财务根据以往采购价格暂估价格为 630 000 元。

＊会计理论：原材料已验收入库，但尚未收到发票，由于不能确定具体价格，因此只能暂估入账。

【业务情景 28】领用原材料。2020 年 12 月 31 日，汽油发动机车间领用原材料进行生产。

* 会计理论：生产单位为生产产品发生的直接支出记入“生产成本”科目。直接支出包括直接材料（原材料、辅助材料、备品备件、燃料及动力等）、直接人工和其他直接支出。

【业务情景 29】领用原材料。2020 年 12 月 31 日，柴油发动机车间领用原材料进行生产。

* 会计理论：同业务情景 28。

【业务情景 30】销售货物。2020 年 12 月 31 日，销售给汉东中科汽车制造厂汽油发动机 50 件，款项未到账。

* 会计理论：销售的汽油发动机属于单位的主营业务产品，因此产生的收入记入“主营业务收入”科目。

【业务情景 31】收到承兑汇票。2020 年 12 月 31 日，汉东中科汽车制造厂签发一张 86 000 元的银行承兑汇票给我公司，用以支付货款。

* 会计理论：银行承兑汇票的票据期限最长为 6 个月，在票据期限内可以进行背书转让。

【业务情景 32】收到货款。2020 年 12 月 31 日，收到吕州中信汽车制造厂前欠货款，共 125 000 元，已到账。

* 会计理论：收回客户前欠货款，冲减“应收账款”。

【业务情景 33】销售货物。2020 年 12 月 31 日，销售给汉东中科汽车制造厂汽油发动机 120 件，款项尚未收到。

* 会计理论：销售的汽油发动机属于本公司的主营业务产品，因此产生的收入记入“主营业务收入”科目。应收账款科目主要核算公司因为销售商品、提供劳务等销售类业务，应收而未收到的款项。

【业务情景 34】预付货款。2020 年 12 月 31 日，向京州新业创科电气设备制造厂采购节气门，合同约定，先预付 50%的货款，共 73 000 元。财务审核无误后转账给对方。

* 会计理论：我公司已预先向供应商支付货款，但是对方尚未发货，记入“预付账款”科目进行核算。

【业务情景 35】销售货物。2020 年 12 月 31 日，销售给京州朝阳汽车制造厂柴油发动机 35 件，款项已到账。

* 会计理论：销售的柴油发动机属于本公司的主营业务产品，因此产生的收入记入“主营业务收入”科目。

【业务情景 36】预收账款。2020 年 12 月 31 日，预收汉东平安汽车制造厂货款 100 000 元。

* 会计理论：本单位还未向客户发出商品，因此还不能确认为收入，收到的货款记入“预收账款”科目。

【业务情景 37】支付绿化费。2020 年 12 月 31 日，财务收到京州市弘发花卉经营部绿化费发票，共 2 700 元，财务审核无误后付款。

* 会计理论：单位发生的绿化费用一般记入“管理费用”科目进行核算。

【业务情景 38】报销业务招待费。2020 年 12 月 31 日，总经理郑快进招待客户发生费用共 6 780 元，财务以转账方式报销。

* 会计理论：企业实际发生的业务招待费的 60%在不超过当年收入的 5‰的部分允许在税前扣除，也就是取这两个标准中较小者在税前扣除，超过部分调增应纳税所得额。

【业务情景 39】购买财务软件。2020 年 12 月 31 日，财务部申请购买金蝶财务软件，取得增值税专用发票，转账支付。

* 会计理论：一般来说，办公软件是相对独立的应用程序，属于没有实物形态的资产，若数额较大，则计入无形资产每期进行摊销；若数额不大，则直接计入当期损益。

【业务情景 40】归还郑快进借款。2020 年 12 月 31 日，归还郑快进借款。

* 会计理论：根据“其他应付款——郑快进”贷方余额，冲减郑快进个人借款。

【业务情景 41】计提 12 月折旧费用。2020 年 12 月 31 日，根据固定资产折旧明细表，计提 12 月份的折旧。

* 会计理论：企业每期的固定资产都需要按规定进行折旧，当月新增的固定资产当月不计提折旧，当月处置的固定资产，当月计提折旧。

【业务情景 42】计提 12 月无形资产摊销。2020 年 12 月 31 日，根据无形资产摊销明细表，计提 12 月份的摊销。

* 会计理论：企业每期的无形资产都需要按规定进行摊销，当月新增的无形资产当月计提摊销，当月处置的无形资产，当月不计提摊销。

【业务情景 43】计提 12 月工资。2020 年 12 月 31 日，财务计提本月员工工资下月发放。

* 会计理论：工资计算一般由人事部门负责，通常在当月月底根据考勤、基本工资、加班、奖金等各种情况，核算出每个人的应发工资，根据应发工资计算出社保、公积金、个税，最后得到员工的实发金额。制作好的工资表最后交给财务，由财务来计提工资。

【业务情景 44】计提 12 月社保。2020 年 12 月 31 日计提本月社保。

* 会计理论：同业务情景 43。

【业务情景 45】计提 12 月公积金。2020 年 12 月 31 日计提本月公积金。

* 会计理论：同业务情景 43。

【业务情景 46】结转 12 月制造费用。2020 年 12 月 31 日，归集本公司基本生产车间和辅助生产部门的制造费用，根据生产工时比例法编制制造费用分配表。

* 会计理论：制造费用的分配方法很多，主要有生产工人工时比例法、生产工人工资比例法、机器工时比例法和年度计划分配率法等。生产工人工时比例法又称为生产工时比例法，是以各种产品耗用的生产工人工时（简称为生产工时）作为分配标准分配制造费用的方法。生产工时可以采用实际工时，也可以采用定额工时。

【业务情景 47】12 月产品完工入库。2020 年 12 月 31 日，按品种法归集汽油发动机、柴油发动机的“生产成本”明细账；编制成本计算表，其中，完工产品与月末在产品按约当产量比例法进行分配。约当产量的计算方法为：材料成本比例按各工序（车间）材料成本占总材料成本比例计算，直接人工、燃料及动力、制造费用完工率按各工序（车间）工时占总工时比例计算。各车间汽油发动机、柴油发动机在产品完工程度均为本车间产品的 50%。

* 会计理论：品种法是以产品品种为成本核算对象，归集生产费用，核算出各种产品的实际总成本和单位成本的一种方法。不论什么样的制造型企业，不论什么样的生产类型，也不论管理要求如何，最终都必须按产品品种核算产品成本。因此，按产品品种核算成本是产品成本核算最基本的要求，品种法是其他所有成本核算方法的基础。

原材料投入方式：产品生产所需的原材料不分工序在生产开始时一次投入，所以原材料分配时按照月末在产品的数量计算；而直接人工和制造费用假定在生产过程中陆续发生，比较均匀，为简化计算，完工程度定为50%。

【业务情景48】结转12月产品成本。2020年12月31日，结转12月已售商品的成本。

* 会计理论：企业存货在发出时要对发出成本进行结转。会计上成本的结转有多种计价方法，不同的计价方法，对企业损益、资产负债表甚至纳税额都有显著的影响。通常来讲，存货发出时有两种成本计价方式：实际成本计价法和计划成本计价法。这里主要讲前者。前者包括先进先出法、后进先出法、加权平均法、移动加权平均法、个别计价法五种计价方法。企业自行选择适合于本单位使用的成本结转计价方法。

【业务情景49】计提12月增值税。2020年12月31日，财务计提12月未交增值税。

* 会计理论：期末根据增值税的明细，销项、进项、进项转出等，计算应缴纳的增值税税额，并转到“应交增值税——未交增值税”科目。

【业务情景50】计提12月附加税。2020年12月31日，财务计提12月应交城建税、教育费附加等。

* 会计理论：“税金及附加”科目核算企业经营活动发生的消费税、城市维护建设税、资源税、教育费附加、房产税、土地使用税、车船使用税、印花税等相关税费。

【业务情景51】计提12月企业所得税。2020年12月31日，计提12月应交企业所得税。

* 会计理论：一般企业所得税按月计提，按季度进行预缴，若无税收优惠，税率为25%。

【业务情景52】结转本期损益。2020年12月31日，将收入类损益类科目的余额结转到“本年利润”科目。

* 会计理论：月末，损益类的科目不能有余额，因此要将损益类的科目全部结转到“本年利润”科目。

【业务情景53】结转本期损益。2020年12月31日，将费用类损益类科目的余额结转到“本年利润”科目。

* 会计理论：同业务情景52。

【业务情景54】结转本年利润。2020年12月31日，将“本年利润”科目的余额结转到“利润分配——未分配利润”科目。

* 会计理论：年末，“本年利润”科目不能有余额，因此要将“本年利润”科目全部结转到“利润分配——未分配利润”。

【业务情景55】提取法定盈余公积。2020年12月31日，提取法定盈余公积。

* 会计理论：法定盈余公积是指按照企业净利润和法定比例计提的盈余公积。国家规定企业必须从税后利润中提取的盈余公积，提取比例为10%。当法定盈余公积累计金额达到企业注册资本的50%以上时，可以不再提取。

项目五

登　　账

任务一　预备理论知识

会计账簿是连接财务报表与会计凭证的桥梁，起到承上启下的作用。登账是为了提供全面、连续、系统、完整的会计信息，为财务报表提供数据来源，是会计人员必不可少的工作环节。

根据账务处理程序，会计账簿的登账顺序如图 5－1 所示。

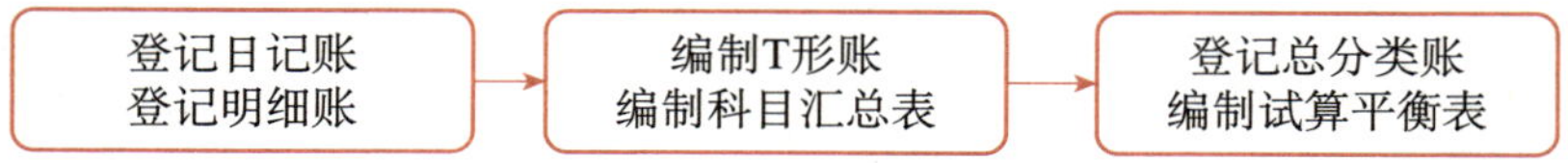

图 5－1　会计账簿的登账顺序

一、日记账

日记账是按照经济业务发生或完成的时间先后顺序逐日逐笔进行登记的账簿。设置日记账是为了使经济业务的时间顺序清晰地反映在账簿记录中。

日记账包括库存现金日记账和银行存款日记账。在实务工作中，日记账由出纳人员进行登记。

二、明细账

按明细分类账户登记的账簿叫作明细分类账，简称“明细账”，是根据总分类账科目所属的明细科目设置的，用于分类登记某一类经济业务事项，提供有关明细核算资料。

明细分类账按账页格式不同可分为三栏式、多栏式和数量金额式。

（一）三栏式明细账

三栏式明细账的账页设有借方、贷方和余额三个金额栏，不设数量栏。这种格式适用于各种日记账、总分类账以及资本、债权、债务明细账的登记，如“应收账款”“应付账款”等。

填写经济业务，按照记账凭证承载的记账时间、凭证种类、凭证号、摘要、金额分别填列在对应位置。填列完成后，结算本行余额，计算公式为：

资产、费用类本行余额＝上行余额＋本行借方发生额－本行贷方发生额

负债、所有者权益类本行余额＝上行余额－本行借方发生额＋本行贷方发生额

（二）多栏式明细账

由于成本费用类科目的明细科目比较繁多，为了集中反映项目的发生情况，一般采用多栏式明细账。这种格式适用于费用、成本、收入和成果的明细核算，如“管理费用”“销售费用”“制造费用”“营业外收入”等科目的明细核算。

多栏式明细账按其专栏方向的不同，可分为单方向和双方向多栏式明细账，单方向在专栏设置时，只设借方或贷方一个方向，双方向多栏式明细账设置包括借方和贷方两个方向的专栏。

（1）单方向多栏式明细账，先按照记账凭证所载信息分别把时间、凭证种类、凭证号、摘要等填列在相应的位置，然后按记账凭证上的金额分别登记专栏与合计处的金额，最后结出合计处的余额。

（2）双方向多栏式明细账，主要用到的就是“应交增值税”明细账，它的专栏里既有借方，又有贷方，这时可以直接根据其借贷金额填写到相应的金额栏，其余登记方法与单方向多栏式明细账类似。

（三）数量金额式明细账

数量金额式明细账的借方、贷方和余额三个栏目内都分设数量、单价和金额三个小栏，借以反映财产物资的实物数量和价值量。这种格式适用于既需要进行金额核算，又需要进行账物数量核算的各种财产物资的明细核算，如“原材料”“库存商品”“产成品”等财产物资科目的明细分类核算。

登记数量金额式明细账的顺序如下：

首先，将记账凭证中的日期、凭证字号及摘要登记到账簿的“月、日、凭证字号和摘要”栏。

其次，将记账凭证的金额填写到账簿对应方向的金额栏，并根据销售单、入库单或出库单等后附的原始凭证填写数量、单价。

最后，结出余额，根据公式“本行结存＝上行结存＋本行收入－本行发出”结出结存的数量和金额。为了使数量金额式明细账的金额、数量与凭证一致，单价用金额除以数量倒挤，实际工作中，单价一般保留四位以上小数。

三、T 形账和科目汇总表

T 形账和科目汇总表是登记总分类账的重要依据。期末，会计人员根据当月的记账凭证编制 T 形账后，便可核算出各科目的借方、贷方的发生额合计数，再据以编制科目汇总表。

（一）T 形账

T 形账是根据记账凭证来登记的简单账户格式，由于格式简单，可以自行绘制。根据会计科目表中一级会计科目设置 T 形账。然后根据审核无误的记账凭证进行登记。登记时，应按凭证号进行顺序登记，前一张凭证的所有科目未登记完毕，不得进行后一张凭证的登记。

（二）科目汇总表

科目汇总表的编制方法是根据一定时期内的全部记账凭证，按照会计科目进行归类，定期汇总出每一个账户的借方本期发生额和贷方本期发生额，填写在科目汇总表的相关栏内。科目汇总表只反映各个账户的借方本期发生额和贷方本期发生额，不反映各个账户之间的对应关系。

四、总分类账

总分类账也称总账，是按总分类账户（会计科目）进行分类登记的账簿。总分类账能全面、总括地反映和记录经济业务引起的资金运动和财务收支情况，并为编制会计报表提供数据。因此，任何单位都必须设置总分类账。

总分类账的登记依据和方法，主要取决于所采用的会计核算形式。它可以直接根据各种记账凭证逐笔登记，也可以先把记账凭证按照一定方式进行汇总，编制成科目汇总表或汇总记账凭证等，然后据以登记。

总分类账一般采用订本式账簿。总分类账的账页格式，一般采用“借方”“贷方”“余额”三栏式。

五、试算平衡表

试算平衡，是指在借贷记账法下，利用借贷发生额和期末余额（期初余额）的平衡原理，检查账户记录是否正确的一种方法。

试算平衡是通过编制试算平衡表进行的。试算平衡表通常是在期末结出各账户的本期发生额合计和期末余额后编制的。试算平衡表可以分为两种，一种是将本期发生额和期末余额分别编制列表；另一种是将本期发生额和期末余额合并在一张表上进行试算平衡。

通过试算平衡表来检查账簿记录是否正确，一般情况下是可行的，但这并不意味着绝对正确！从某种意义上讲，如果借贷不平衡，就可以肯定账户的记录或者是计算有错误，但是如果借贷平衡，我们也不能肯定账户记录没有错误，因为有些错误根本不影响借贷双方的平衡关系。

任务二　实训设计

根据项目四中的业务资料，编制记账凭证并核对无误后，进行登账工作。具体步骤如下：

（1）根据原始凭证、记账凭证逐笔登记现金日记账和银行存款日记账。

（2）根据原始凭证、记账凭证逐笔登记各种明细分类账。

（3）根据原始凭证、记账凭证逐笔登记 T 形账，然后编制科目汇总表。

（4）根据科目汇总表登记总分类账。

（5）期末，将现金日记账、银行存款日记账和明细分类账的余额同有关总分类账的余额核对相符。

（6）根据总分类账编制试算平衡表。

项目六

对账和结账

任务一　预备理论知识

一、对账

对账是指核对账目，对账簿和账户所记录的有关数据加以检查和核对，从而保证会计记录真实可靠、正确无误。会计人员按照各种账簿记录情况的不同，分别进行经常和定期的对账。核对账目是保证账簿记录正确性的一项重要工作，对账的内容一般包括账证核对、账账核对和账实核对。如果在对账过程中发现错账，要及时更正错误。

二、结账

核对相关账簿后，应对所有账簿进行结账。结账是会计期末对账簿记录所做的结束工作，是指在将一定时期内所发生的经济业务全部登记入账的基础上，计算出各种账簿记录的本期发生额和期末余额的过程。按期做好结账工作，一方面可以为编制会计报表做好准备，保证会计报表的及时编制和报出，另一方面可以对这一会计期间的会计核算工作进行总结和检验，以提高会计核算工作的质量。

结账的内容通常包括两个方面：一是结清各种损益类账户，据以计算确定本期利润；二是结出各资产、负债和所有者权益账户的本期发生额合计和期末余额。

（1）对不需按月结计本期发生额的账户，如各项应收、应付款明细账和各项财产物资明细账等，每次记账以后，都要随时结出余额，每月最后一笔余额是月末余额。月末结账时，只需要在最后一笔经济业务记录下面通栏划单红线，不需要再次结计余额。

（2）库存现金、银行存款日记账和需要按月结计发生额的收入、费用等明细账，每月结账时，要在最后一笔经济业务记录下面通栏划单红线，结出本月发生额和余额，在摘要栏内注明“本月合计”字样，并在下面通栏划单红线。

（3）对于需要结计本年累计发生额的明细账户，每月结账时，应在“本月合计”行下结出自年初起至本月末止的累计发生额，登记在月份发生额下面，在摘要栏内注明“本年累计”字样，并在下面通栏划单红线。12 月末的“本年累计”就是全年累计发生额，全年累计发生额下面通栏划双红线。

（4）总分类账账户平时只需结出月末余额。年终结账时，为总括反映全年各项资金运动情况的全貌，核对账目要将所有总分类账账户结出全年发生额和年末余额，在摘要栏内注明“本年合计”字样，并在合计数下面通栏划双红线。

（5）年度终了结账时，有余额的账户，应将其余额结转下年，并在摘要栏注明“结转下年”字样；在下一会计年度新建有关账户的第一行余额栏内填写上年结转的余额，并在摘要栏注明“上年结转”字样，使年末有余额账户的余额如实地在账户中加以反映，以免混淆有余额的账户和无余额的账户。

任务二　实训设计

在登账完成以后，应对所有账簿进行对账和结账工作。

（1）进行对账，做好账证核对（明细账和记账凭证及原始凭证核对、T形账和记账凭证核对），以及账账核对（明细账和总分类账核对、日记账和总分类账核对），如果发现错误则应及时进行更正。由于条件所限，本实训中不进行账实核对。

（2）核对完成后，对所有账簿进行结账。本实训中，包括月结和年结。

项目七

编制报表

任务一　预备理论知识

一、财务报表的概述

会计数据处理的最终结果呈现于财务报表上。为了能够全面地反映企业财务状况和经营成果，就需要在登记会计账簿的基础上，编制财务报表。财务报表是会计核算工作的结果，也是财务部门提供财务信息资料的重要手段。会计人员必须掌握会计报表的所有内容，并能独立完成编制财务报表的工作。

财务报表，是对企业财务状况、经营成果和现金流量的结构性表述。一套完整的财务报表至少应当包括资产负债表、利润表、现金流量表、所有者权益（或股东权益）变动表以及附注。其中，资产负债表、利润表、现金流量表是最重要的“三大报表”。

二、资产负债表

资产负债表，是反映企业在某一特定日期的财务状况的会计报表。它是根据“资产 ＝ 负债 ＋ 所有者权益”这一会计等式，按照一定的分类标准和顺序，将企业在一定日期的全部资产、负债和所有者权益项目进行适当分类、汇总、排列后编制而成的。由于报表中的数据体现的是特定日期的财务状况，因此，资产负债表属于静态报表。

三、利润表

利润表又称损益表，是反映企业在一定会计期间经营成果的报表。利润表是根据“收入－费用＝利润”这一会计等式，按照一定的顺序，将企业在某会计期间所形成的收入、成本、费用和利润的实现情况进行汇总和计算后形成的。由于利润表中的数据说明的是企业在某一会计期间的情况，因此，利润表属于动态报表。

任务二　实训设计

本模拟企业编制的报表主要包括资产负债表和利润表。根据本期总分类账、明细分类账、本期发生额数据编制报表。

（1）编制资产负债表。本实训中，资产负债表按月编制。

（2）编制利润表。本实训中，利润表按月编制。

（3）编制完成后，请其他人进行审核并签字。

项目八

装　　订

任务一　预备理论知识

一、会计资料归档范围

（1）会计凭证：原始凭证、记账凭证。

（2）会计账簿：总分类账、明细账、日记账、固定资产卡片及其他辅助性账簿。

（3）财务会计报告：月度、季度、半年度、年度财务会计报告。

（4）其他会计资料：银行存款余额调节表、银行对账单、纳税申报表、会计档案移交清册、会计档案保管清册、会计档案销毁清册、会计档案鉴定意见书及其他具有保存价值的会计资料。

二、会计资料归档要求

（1）会计凭证按月整理归档，应将各种记账凭证按时间和原始凭证号顺序装订成册，做到装订整齐、结实、规范和美观，要填写好凭证封面和脊背，注明单位名称，注明年、月、日和起止时间，以及凭证种类、起止号码，并在封面加盖财务主管和装订人的名章。

（2）会计账簿在会计年度终了装订成册进行整理归档，要有科目目录表、页码，账簿封面要写明单位、年度和账簿名称。

（3）会计报表按年归档，归档时要区分不同的保管期限。年度报表要与季度、月度报表分别组卷。

三、会计档案的保管、移交、借阅和销毁

（1）按照归档范围和归档要求设立会计档案室，并指定专人负责保管。负责定期将应当归档的会计资料整理立卷，编制会计档案保管清册。

(2) 在办理会计档案移交时，应当编制会计档案移交清册，并按照国家档案管理的有关规定办理移交手续。

(3) 在进行会计档案查阅、复制、借出时履行登记手续，严禁篡改和损坏。

(4) 会计档案一般不得对外借出。确因工作需要且根据国家有关规定必须借出的，应当严格按照规定办理相关手续。

(5) 会计档案的保管期限分为永久、定期两类，定期保管期限一般分为 10 年和 30 年。

(6) 单位负责人、档案管理人、财务负责人在会计档案销毁清册上签署意见。

(7) 档案管理人组织会计档案销毁工作，并与财务部门共同派员监销。监销人在会计档案销毁前，应当按照会计档案销毁清册所列内容进行清点核对；在会计档案销毁后，应当在会计档案销毁清册上签名或盖章。

(8) 电子会计档案的销毁还应当符合国家有关电子档案的规定，并由档案管理人、财务负责人共同监销。

四、会计档案保管期限表

会计档案详细保管期限如表 8-1 所示。

表 8-1 会计档案保管期限

序号	档案名称	保管期限	备注
一、会计凭证			
1	原始凭证	30 年	
2	记账凭证	30 年	
二、会计账簿			
1	总分类账	30 年	
2	明细账	30 年	
3	日记账	30 年	
4	固定资产卡片	固定资产报废清理后保管 5 年	
5	其他辅助性账簿	30 年	
三、财务会计报告			
1	月度、季度、半年度财务会计报告	10 年	
2	年度财务会计报告	永久	

续表

序号	档案名称	保管期限	备注
四、其他会计资料			
1	纳税申报表	10 年	
2	银行存款余额调节表	10 年	
3	银行对账单	10 年	
4	会计档案移交清册	30 年	
5	会计档案保管清册	永久	
6	会计档案销毁清册	永久	
7	会计档案鉴定意见书	永久	

任务二　实训设计

本实训中，请将模拟企业 11 月、12 月账务处理完成后的相关资料按月分别进行装订。具体需装订的内容及步骤如下：

（1）整理装订会计凭证，填写封面并存档保管。将记账凭证按月分别进行整理装订，每本记账凭证的最前面附上根据该本记账凭证所编制的科目汇总表。

（2）整理装订会计账簿，填写封面并存档保管。

1）将总分类账和明细分类账（三栏式、多栏式、数量金额式）登记好的账页按科目名称整理在一起。写好封面和封底（包括目录的科目名称），按目录写好编号，再对总分类账所属明细账编写分号以及起始页码。

2）将整理好的总分类账、明细分类账，分别将封面和封底加具到账簿的前后，并用装订线穿在一起并打结。填写好封面，加盖好印章。

（3）整理装订会计报表，填写封面并存档保管。将编制完成的会计报表撕下并整理在一起，分别将封面和封底加具到报表的前后，用订书机订牢。填写好封面，加盖好印章。

（4）会计档案的归档。装订人员在装订线封口处签名并盖章，然后归档并存入会计档案室。

项目九

业务票据

任务一　2020 年 11 月业务票据

教学专用 1-1-1

032002000104

汉东增值税普通发票

发票联

№ 00860658　032002000104　00860658

开票日期：2020 年11月15日

校验码 63366 30696 39935 62106

购买方	名　称：京州市新大风发动机制造厂 纳税人识别号：91320200672220538D 地 址、电 话：京州市浦口区浦口大道88号 086-82244660 开户行及账号：中国银行京州浦口支行 458558198758				密码区	97<>+0>>>>6<531806/82349292 8/*804195-4+<169*5-0<068*</ -2*86**8<<7>/320/21<0</*23 905666624<1-+-4+**561644>5-		
货物或应税劳务、服务名称	规格型号	单位	数量	单价	金额	税率	税额	
*经纪代理服务*代理费			1	943.396226	943.40	6%	56.60	
合　计					¥943.40		¥56.60	
价税合计(大写)	⊗壹仟圆整				(小写) ¥1 000.00			
销售方	名　称：京州市易道会计师事务有限公司 纳税人识别号：91320283465912561L 地 址、电 话：京州市新区长江北路108号江锡大厦1718室 086-81039224 开户行及账号：建行京州市新区支行 86452718932814				备注			

收款人：凌云　　复核：蔡瑛　　开票人：关婷　　销售方：(章)

第二联：发票联　购买方记账凭证

税总函〔2017〕520号汉东造币有限公司

(印章：京州市易道会计师事务有限公司 91320283465912561L 发票专用章)

教学专用 1-1-2

收　　据　　No. 2764382

2020 年 11 月 15 日

今收到 京州市新大风发动机制造厂（郑快进）

交　来：代办执照费、刻章费用

人民币(大写) ⊗佰⊗拾 万 壹 仟 零 佰 零 拾 零 元 零 角 零 分

收款单位(公章)　　¥1000.00　　☐转账　☑现金　☐支票　☐其他

(印章：京州市易道会计师事务有限公司 财务专用章 2314016703***)

财务主管　　记账　　出纳 关婷　　审核　　经办

①存根(白)　②收据(黄)

教学专用 1-2-1

收　据

No. 4436521

2020 年 11 月 15 日

今收到：京州市新大风发动机制造厂（郑快进）

交来：房屋租金（2020年11月至2021年01月）

人民币（大写）：⊗佰 ⊗拾 壹万 捌仟 零佰 零拾 零元 零角 零分

收款单位（公章）：京州恒云房产有限公司 财务专用章 231201…3***

¥ 18000.00

□转账 ☑现金 □支票 □其他

财务主管　　出纳 张丽　　审核　　经办

①存根（白）②收据（黄）

教学专用 1-2-2

收　据

No. 4436522

2020 年 11 月 15 日

今收到：京州市新大风发动机制造厂（郑快进）

交来：房屋押金

人民币（大写）：⊗佰 ⊗拾 ⊗万 陆仟 零佰 零拾 零元 零角 零分

收款单位（公章）：京州恒云房产有限公司 财务专用章 231201…3***

¥ 6000.00

□转账 ☑现金 □支票 □其他

财务主管　　出纳 张丽　　审核　　经办

①存根（白）②收据（黄）

租赁合同

甲方：京州恒云房产有限公司

乙方：京州市新大风发动机制造厂

根据国家有关法律、法规和本市有关规定，甲、乙双方在自愿、平等、互利的基础上，就甲方将其合法拥有的房屋出租给乙方使用，乙方承租使用甲方房屋的事宜，订立本合同。

一、甲方的房屋概况

1．甲方将其合法拥有的坐落在本市__浦口区浦口大道88号__的房屋，出租给乙方使用。

2．甲方出租给乙方使用的该房屋建筑面积共__330__平方米。

二、租赁用途

乙方向甲方承诺，租赁该房屋仅作为__办公__使用，不得作其他用途。

三、租赁期限

1．该房屋的租赁期限为__2__年。自__2020__年__11__月__1__日起 至 __2022__年__10__月__31__日止。

2．租赁期满，甲方有权收回出租的房屋，乙方如期交还。乙方如要求续租，则必须在租赁期满前的__1__个月向甲方提出书面申请，双方可在对租金、期限重新协商后，签订新的租赁合同。

四、租金及支付方式

1．该房屋的月租金为__陆仟__元整。

2．双方议定首期付__3__月，另付__6 000.00__元押金。以后按照每__3__月结算一次，提前__10__天支付下一期房租，押金不变，甲方在收到乙方租金（包括押金）后，必须开具收据给乙方。

五、甲方义务

1．甲方需要按时将房屋及附属设施交付乙方使用。

2．房屋及附属设施如非乙方的过失或错误使用而受到损坏的，甲方有修缮的责任并承担相关费用。

3．甲方应保证所出租的房屋权属清楚，无使用纠纷。

六、乙方义务

1．乙方在租赁期内保证该租赁房屋内所有活动均能符合中国的法律法规及该地点的管理规定，　作任何违法行为。

2．乙方应当按照合同约定，按时支付租金及其他费用。

3．未经甲方同意，乙方不得改变租赁房屋的结构、装修。

甲方：（公章）　　　　乙方：（公章）

法人代表盖章：李晓霞　　　　法人代表盖章：郑快进

教学专用 1-3-1

中国银行 BANK OF CHINA

国内支付业务收款回单

客户号：150347939　　　　日期：2020年11月20日

收款人账号：458558198758　　　　付款人账号：0235024170001327

收款人名称：京州市新大风发动机制造厂　　　　付款人名称：郑快进

收款人开户行：中国银行京州浦口支行　　　　付款人开户行：中国银行京州浦口支行

金额：CNY10,000,000.00
人民币壹仟万元整

报文种类：beps.121.001.01-客户发起普通贷记业务报文
业务类型：A100-普通汇兑
业务标识号：2020123040026925
发起行行号：402335010001
发起行名称：中国银行股份有限公司京州浦口支行

收支申报号：
业务编号：
接收行行号：104302046303
接收行名称：中国银行股份有限公司京州浦口支行

入账账号：458558198758　　　　入账户名：京州市新大风发动机制造厂

用途：

附言：投资款（网银转账，有误即退）

中国银行股份有限公司 电子回单专用章

如您已通过银行网点取得相应纸质回单，请注意核对，勿重复记账！

交易机构：06293　交易渠道：其他　交易流水号：170575735-583　经办：

回单编号：2020112037314303　回单验证码：242K3LFR7R87　打印时间：　打印次数：　次

教学专用 1-3-2

中国银行 BANK OF CHINA

国内支付业务收款回单

客户号：150347939　　　　日期：2020年11月20日

收款人账号：458558198758　　　　付款人账号：36021166543648

收款人名称：京州市新大风发动机制造厂　　　　付款人名称：陈林

收款人开户行：中国银行京州浦口支行　　　　付款人开户行：交通银行京州新区支行

金额：CNY3,000,000.00
人民币叁佰万元整

报文种类：beps.121.001.01-客户发起普通贷记业务报文
业务类型：A100-普通汇兑
业务标识号：2020123040026925
发起行行号：402335010001
发起行名称：交通银行京州新区支行

收支申报号：
业务编号：
接收行行号：104302046303
接收行名称：中国银行股份有限公司京州浦口支行

入账账号：458558198758　　　　入账户名：京州市新大风发动机制造厂

用途：

附言：投资款（网银转账，有误即退）

中国银行股份有限公司 电子回单专用章

如您已通过银行网点取得相应纸质回单，请注意核对，勿重复记账！

交易机构：06293　交易渠道：其他　交易流水号：170575735-583　经办：

回单编号：2020112037314303　回单验证码：242K3LFR7R87　打印时间：　打印次数：　次

教学专用 **1-4-1**

中国银行（京州浦口支行）收费回单

交易流水：110112950033　　2020 年 11 月 20 日

付款人账号	458558198758	付款人名称	京州市新大风发动机制造厂
收费种类	币种	交易金额	收费金额
01 开户费 02 U盾	人民币 人民币	240.00 450.00	240.00 450.00
合计金额	690.00		

第二联　客户留存联

中国银行 京州浦口支行 2020-11-20 转讫 (01)

柜员号：　11017300　缪缪

教学专用 **1-4-2**

中国银行（京州浦口支行）收费回单

交易流水：110112950033　　2020 年 11 月 20 日

付款人账号	458558198758	付款人名称	京州市新大风发动机制造厂
收费种类	币种	交易金额	收费金额
33 支票工本费 a6 对公支票手续费 64 对公现金支票手续费 88 支票工本费	人民币 人民币 人民币 人民币	10.00 20.00 10.00 20.00	10.00 20.00 10.00 20.00
合计金额	60.00		

第二联　客户留存联

中国银行 京州浦口支行 2020-11-20 转讫 (01)

柜员号：　11017300　缪缪

教学专用 1-5-1

中国银行
现金支票存根

30408226
37226901

附加信息

出票日期 2020 年 11 月 20 日

收款人：
京州市新大风发动机制造厂

金 额：￥10,000.00

用 途：备用金

单位主管 王晓琳 会计 朱红

上海证券印刷有限公司·2019印制

教学专用 1-6-1-1

3200203320

汉东增值税专用发票

抵扣联

№ 35874559 3200203320
35874559

开票日期： 2020年11月20日

购买方	名 称：京州市新大风发动机制造厂 纳税人识别号： 91320200672220538D 地 址、电 话：京州市浦口区浦口大道88号 086-82244660 开户行及账号：中国银行京州浦口支行 458558198758	密码区	51<>+0>>>>6<081296/88127745 8/*803654-4+<169*5-0<068*</ -2*86**8<<7>/320/21<0</*23 905121224<1-+-4+**561644>5-

货物或应税劳务、服务名称	规格型号	单位	数 量	单 价	金 额	税率	税 额
*信息安全产品*增值税发票金税盘	2012转换	块	1	176.99	176.99	13%	23.01
*信息技术服务*软件技术维护费	2020年度	户	1	264.15	264.15	6%	15.85
合 计					￥441.14		￥38.86
价税合计（大写）	⊗肆佰捌拾圆整				（小写）￥480.00		

销售方	名 称：京州航天信息有限公司 纳税人识别号： 913202136668010 4XM 地 址、电 话：京州市新区长江路34号 086-82700222 开户行及账号：建设银行京州分行营业部 3200161863602547591	备注	京州航天信息有限公司 913202136668010 4XM 发票专用章

收款人：刘明　　复核：刘莲　　开票人：马园园　　销售方：（章）

第二联：抵扣联 购买方扣税凭证

税总函〔2017〕520号汉东造币有限公司

教学专用 **1-6-1-2**

3200203320

汉东增值税专用发票

发票联

№ 35874559 3200203320 35874559

开票日期： 2020年11月20日

购买方	名　　称：京州市新大风发动机制造厂 纳税人识别号：91320200672220538D 地 址、电 话：京州市浦口区浦口大道88号 086-82244660 开户行及账号：中国银行京州浦口支行 458558198758	密码区	51<>+0>>>>6<081296/88127745 8/*803654-4+<169*5-0<068*</ -2*86**8<<7>/320/21<0</*23 905121224<1-+-4+**561644>5-

货物或应税劳务、服务名称	规格型号	单位	数量	单价	金额	税率	税额
*信息安全产品*增值税发票金税盘	2012转换	块	1	176.99	176.99	13%	23.01
*信息技术服务*软件技术维护费	2020年度	户	1	264.15	264.15	6%	15.85
合　　计					¥ 441.14		¥ 38.86
价税合计（大写）	⊗ 肆佰捌拾圆整				（小写） ¥ 480.00		

销售方	名　　称：京州航天信息有限公司 纳税人识别号：913202136668010４XM 地 址、电 话：京州市新区长江路34号 086-82700222 开户行及账号：建设银行京州分行营业部 3200161863602547591	备注	（京州航天信息有限公司 913202136668010４XM 发票专用章）

收款人：刘明　　复核：刘莲　　开票人：马园园　　销售方：（章）

第三联：发票联　购买方记账凭证

税总函〔2017〕520号汉东造币有限公司

教学专用 **1-6-2**

费 用 报 销 单

报销部门：财务部　　2020 年 11 月 20 日填　　单据及附件共 1 张

用　　途	金额（元）	备注	现金付讫		
增值税发票金税盘	200.00				
防伪税控系统服务费	280.00				
		部门审核	王晓琳	领导审批	郑快进
合　　计	¥480.00				
人民币（大写）	⊗拾⊗万⊗仟肆佰捌拾零元零角零分	原借款：	元	退/补：	元

财务主管 王晓琳　会计 朱红　出纳 张燕　报销人 朱红　领款人 朱红

教学专用 1-7-1-1

3200208014

汉东增值税普通发票

发票联

№ 00914560 032002000104 00914560

开票日期： 2020年11月22日

校验码 63366 30696 39935 62106

购买方	名称：京州市新大风发动机制造厂 纳税人识别号：91320200672220538D 地址、电话：京州市浦口区浦口大道88号 086-82244660 开户行及账号：中国银行京州浦口支行 458558198758				密码区	52<>+0>>>>6<124596/45767745 8/*442187-8+<777*5-0<068*</ -2*86**8<<8>/448/66<0</*23 456122563<1-+-4+**567774>5-		
货物或应税劳务、服务名称		规格型号	单位	数量	单价	金额	税率	税额
*电子计算机*联想办公电脑整机		E65	套	5	2 916.814 2	14 584.07	13%	1 895.93
*计算机外部设备*惠普多功能激光一体机		P57	台	1	3 805.309 7	3 805.31	13%	494.69
合计						￥18 389.38		￥2 390.62
价税合计（大写）		⊗贰万零柒佰捌拾圆整				（小写）￥20 780.00		
销售方	名称：京州市翔数数码有限公司 纳税人识别号：91320238914764392M 地址、电话：京州市中山南路35号 086-85638127 开户行及账号：建行京州中山路支行 5389254193643826				备注			

收款人：凡莉　　复核：王巽　　开票人：吴玲　　销售方：（章）

第二联：抵扣联　购买方扣税凭证

税总函〔2017〕520号汉东造币有限公司

教学专用 1-7-1-2

3200208014

汉东增值税专用发票

发票联

№ 00914560 032002000104 00914560

开票日期： 2020年11月22日

校验码 63366 30696 39935 62106

购买方	名称：京州市新大风发动机制造厂 纳税人识别号：91320200672220538D 地址、电话：京州市浦口区浦口大道88号 086-82244660 开户行及账号：中国银行京州浦口支行 458558198758				密码区	52<>+0>>>>6<124596/45767745 8/*442187-8+<777*5-0<068*</ -2*86**8<<8>/448/66<0</*23 456122563<1-+-4+**567774>5-		
货物或应税劳务、服务名称		规格型号	单位	数量	单价	金额	税率	税额
*电子计算机*联想办公电脑整机		E65	套	5	2 916.814 2	14 584.07	13%	1 895.93
*计算机外部设备*惠普多功能激光一体机		P57	台	1	3 805.309 7	3 805.31	13%	494.69
合计						￥18 389.38		￥2 390.62
价税合计（大写）		⊗贰万零柒佰捌拾圆整				（小写）￥20 780.00		
销售方	名称：京州市翔数数码有限公司 纳税人识别号：91320238914764392M 地址、电话：京州市中山南路35号 086-85638127 开户行及账号：建行京州中山路支行 5389254193643826				备注			

收款人：凡莉　　复核：王巽　　开票人：吴玲　　销售方：（章）

第三联：发票联　购买方记账凭证

税总函〔2017〕520号汉东造币有限公司

教学专用 **1-7-2**

固定资产验收单

序号	固定资产名称	型号规格	类别	签收数量	单位	金额（元）	使用部门	入账日期	增加方式	折旧方法	使用年限	预计净残值
A001	办公电脑	联想E65	电子设备	1	套	2,916.81	总经办	2020/11/22	购入	年限平均法	3	145.84
A002	办公电脑	联想E65	电子设备	1	套	2,916.81	采购部	2020/11/22	购入	年限平均法	3	145.84
A003	办公电脑	联想E65	电子设备	1	套	2,916.81	销售部	2020/11/22	购入	年限平均法	3	145.84
A004	办公电脑	联想E65	电子设备	1	套	2,916.81	财务部	2020/11/22	购入	年限平均法	3	145.84
A005	办公电脑	联想E65	电子设备	1	套	2,916.81	财务部	2020/11/22	购入	年限平均法	3	145.84
A006	打印机	惠普P57	电子设备	1	台	3,805.31	总经办（共用）	2020/11/22	购入	年限平均法	3	190.27

会计主管 ：王晓琳　　　　复核：　王晓琳　　　　制单：朱红

教学专用 **1-7-3**

付　款　申　请　单

申请部门：采购部　　　　2020年 11 月 22 日 填

收款单位	京州市翔数数码有限公司	付款原因
银行账号	5389254193643826	电脑、打印机款
开户行	建行京州中山路支行	
付款方式	转账	
付款截止日		
人民币（大写）	⊗佰⊗拾贰万零仟柒佰捌拾零元零角零分	¥ 20,780.00

领导审批 郑快进　　财务主管 王晓琳　　部门主管 王峰　　经办人 杨涛

教学专用 1-7-4

中国银行 BANK OF CHINA

国内支付业务付款回单

客户号：150347939　　日期：2020年11月22日

付款人账号：458558198758	收款人账号：5389254193643826
付收款人名称：京州市新大风发动机制造厂	收款人名称：京州市翔数数码有限公司
付款人开户行：中国银行京州浦口支行	收款人开户行：建行京州中山路支行

金额：CNY20，780.00
人民币贰万零柒佰捌拾元整

报文种类：beps.121.001.01-客户发起普通贷记业务报文	
业务类型：A100-普通汇兑	收支申报号：
业务标识号：2020040245055386	业务编号：BNET 5600006178686634/000000000000
发起行行号：104302046303	接收行行号：402332509010
发起行名称：中国银行股份有限公司京州浦口支行	接收行名称：建行京州中山路支行
扣账账号：458558198758	扣账户名：京州市新大风发动机制造厂

用途：电脑、打印机款

附言：电脑、打印机款

如您已通过银行网点取得相应纸质回单，请注意核对，勿重复记账！

中国银行股份有限公司 电子回单专用章

交易机构：07195　交易渠道：网上银行　交易流水号：108257730-581　经办：

回单编号：2020112239183197　回单验证码：242K3LFR7R87　打印时间：　打印次数：　次

工资计提表

所属期限：2020年11月　　单位：元

部门	职位	姓名	所属月份	基本工资	满勤奖	加班	应发工资	应扣个人缴纳保险					税前合计	专项附加扣除	个人所得税	实发金额	签字
								养老保险8%	医疗保险2%	失业保险0.5%	住房公积金8%	合计					
总经办	总经理	郑快进	202011	20,000.00	200.00		20,200.00	1,616.00	404.00	101.00	1,616.00	3,737.00	16,463.00	1,000.00	313.89	16,149.11	
财务部	会计主管	王晓琳	202011	8,500.00	200.00		8,700.00	696.00	174.00	43.5	696.00	1,609.50	7,090.50	2,500.00	0.00	7,090.50	
	会计	朱红	202011	6,000.00	200.00		6,200.00	496.00	124.00	31.00	496.00	1,147.00	5,053.00	0.00	1.59	5,051.41	
	出纳	张燕	202011	4,000.00	200.00		4,200.00	336.00	84.00	21.00	336.00	777.00	3,423.00	400.00	0.00	3,423.00	
行政部	行政主管	朱波	202011	8,000.00	200.00		8,200.00	656.00	164.00	41.00	656.00	1,517.50	6,683.00	500.00	35.49	6,647.51	
	内勤	陈文	202011	4,500.00	200.00		4,700.00	376.00	94.00	23.50	376.00	869.50	3,830.50	2000.00	0.00	3,830.50	
	内勤	王昌强	202011	4,000.00	200.00		4,200.00	336.00	84.00	21.00	336.00	777.00	3,423.00	0.00	0.00	3,423.00	
小计				55,000.00	1,400.00		46,400.00	4,512.00	1,128.00	282.00	4,512.00	10,434.00	45,966.00	6,400.00	350.097	45,615.03	
销售部	销售主管	王倩	202011	15,000.00	200.00		15,200.00	1,216.00	304.00	76.00	1216.00	2812.00	12,388.00	1,400.00	179.64	12,208.40	
	销售员	李林	202011	8,000.00	200.00		8,200.00	656.00	164.00	41.00	656.00	1517.00	6,683.00	2,000.00	0.00	6,683.00	
	销售员	王凯	202011	6,000.00	200.00		6,200.00	496.00	124.00	31.00	496.00	1147.00	5,053.00	0.00	1.59	5,051.41	
小计				29,000.00	600.00		29,600.00	2,368.00	592.00	148.00	2,368.00	5,476.00	24,124.00	3,400.00	181.23	23,942.77	
仓库部	仓库主管	徐旦波	202011	7,500.00	200.00	300.00	8,000.00	640.00	160.00	40.00	640.00	1480.00	6,520.00	1,000.00	15.60	6,504.40	
	仓管员	李元明	202011	4,000.00	200.00	300.00	4,500.00	360.00	90.00	22.50	360.00	832.50	3,667.50	0.00	0.00	3,667.50	
采购部	采购主管	王峰	202011	12,000.00	200.00		12,200.00	976.00	244.00	61.00	976.00	2,257.00	9,943.00	1,000.00	118.29	9,824.71	
	采购员	杨涛	202011	6,500.00	200.00		6,700.00	536.00	134.00	33.50	536.00	1,239.50	5,460.50	0.00	13.82	5,446.68	
小计				30,000.00	800.00	600.00	31,400.00	2,512.00	628.00	157.00	2,512.00	5,809.00	25,591.00	2,000.00	147.70	25,443.30	
柴油发动机车间	车间主任	李玉松	202011	16,000.00	200.00	500.00	16,700.00	1,336.00	134.00	83.50	1,336.00	3,089.50	1,3610.50	0.00	258.32	13,352.20	
	工人	马阳	202011	5,500.00	200.00	600.00	6,300.00	504.00	126.00	31.50	504.00	1,165.50	5,134.50	0.00	4.04	5,130.46	
	工人	张林	202011	5,300.00	200.00	500.00	6,000.00	480.00	120.00	30.00	480.00	1,110.00	4,890.00	0.00	0.00	4,890.00	
	工人	孟兰	202011	5,000.00	200.00	600.00	5,800.00	464.00	116.00	29.00	464.00	1,073.00	4,727.00	0.00	0.00	4,727.00	
小计				31,800.00	800.00	2,200.00	34,800.00	2,784.00	696.00	174.00	2,784.00	6,438.00	28,362.00	0.00	262.34	28,099.66	
汽油发动机车间	车间主任	徐俊伟	202011	16,000.00	200.00	500.00	16,700.00	1,336.00	334.00	83.50	1,336.00	3,089.50	13,610.50	2,500.00	183.32	13,427.20	
	工人	蔡云烨	202011	5,500.00	200.00	700.00	6,400.00	512.00	128.00	32.00	512.00	1,184.00	5,216.00	0.00	6.48	5,209.52	
	工人	高一雯	202011	5,200.00	200.00	600.00	6,000.00	480.00	120.00	30.00	480.00	1,110.00	4,890.00	0.00	0.00	4,890.00	
	工人	陆飞	202011	4,800.00	200.00	500.00	5,500.00	440.00	110.00	27.50	440.00	1,017.50	4,482.50	0.00	0.00	4,482.50	
小计				31,500.00	800.00	2,300.00	34,600.00	2,768.00	692.00	173.00	2,768.00	6,401.00	28,199.00	2,500.00	189.79	28,009.21	
合计				177,300.00	4,400.00	5,100.00	186,800.00	14,944.00	3,736.00	934.00	14,944.00	34,558.00	152,2422.00	14,300.00	1,132.07	151,109.97	

会计主管：王晓琳　　复核：　王晓琳　　制单：朱红

个税计算表

所属期限：2020年11月　　　　单位：元

部门	职位	姓名	累计工资薪金所得额	累计社保扣除	累计公积金扣除	累计专项附加扣除	累计减除费用	累计预缴应纳税所得额	累计应预扣预缴个税	累计已预扣预缴个税	本月应预扣预缴个税
总经办	总经理	郑快进	20,200.00	2,121.00	1,616.00	1,000.00	5,000.00	10,463.00	313.89	0.00	313.89
财务部	会计主管	王晓琳	8,700.00	913.50	696.00	2,500.00	5,000.00	0.00	0.00	0.00	0.00
	会计	朱红	6,200.00	651.00	496.00	0.00	5,000.00	53.00	1.59	0.00	1.59
	出纳	张燕	4,200.00	441.50	336.00	400.00	5,000.00	0.00	0.00	0.00	0.00
行政部	行政主管	朱波	8,200.00	861.00	656.00	500.00	5,000.00	1,183.00	35.49	0.00	35.49
	内勤	陈文	4,700.00	493.50	376.00	2,000.00	5,000.00	0.00	0.00	0.00	0.00
	内勤	王昌强	4,200.00	441.00	336.00	0.00	5,000.00	0.00	0.00	0.00	0.00
销售部	销售主管	王倩	15,200.00	1,596.00	1,216.00	1,400.00	5,000.00	5,988.00	179.64	0.00	179.64
	销售员	李林	8,200.00	861.00	656.00	2,000.00	5,000.00	0.00	0.00	0.00	0.00
	销售员	王凯	6,200.00	651.00	496.00	0.00	5,000.00	53.00	1.59	0.00	1.59
仓库部	仓库主管	徐旦波	8,000.00	840.00	640.00	1,000.00	5,000.00	520.00	15.60	0.00	15.60
	仓管员	李元明	4,500.00	472.50	360.00	0.00	5,000.00	0.00	0.00	0.00	0.00
采购部	采购主管	王峰	12,200.00	1,281.00	976.00	1,000.00	5,000.00	3,943.00	118.29	0.00	118.29
	采购员	杨涛	6,700.00	703.50	536.00	0.00	5,000.00	460.50	13.82	0.00	13.82
柴油发动机车间	车间主任	李玉松	16,700.00	1,753.50	1,336.00	0.00	5,000.00	8,610.50	285.32	0.00	258.32
	工人	马阳	6,300.00	661.50	504.00	0.00	5,000.00	134.50	4.04	0.00	4.04
	工人	张林	6,000.00	630.00	480.00	0.00	5,000.00	0.00	0.00	0.00	0.00
	工人	孟兰	5,800.00	609.00	464.00	0.00	5,000.00	0.00	0.00	0.00	0.00
汽油发动机车间	车间主任	徐俊伟	16,700.00	1,753.50	1,336.00	2,500.00	5,000.00	6,110.50	183.32	0.00	183.32
	工人	蔡云烨	6,400.00	672.00	512.00	0.00	5,000.00	216.00	6.48	0.00	6.48
	工人	高一雯	6,000.00	630.00	480.00	0.00	5,000.00	0.00	0.00	0.00	0.00
	工人	陆飞	5,500.00	577.50	440.00	0.00	5,000.00	0.00	0.00	0.00	0.00

会计主管：王晓琳　　　　复核：王晓琳　　　　制单：朱红

教学专用 1-9-1

社保分配表

所属期限：2020年11月 单位：元

部门	职位	姓名	本月工资基数	企业							个人				合计					
				养老保险 16%	基本医疗保险 7%	补充医疗保险 0.55%	失业保险 0.5%	工伤保险 0.35%	生育保险 0.8%	合计	养老保险 8%	医疗保险 2%	失业保险 0.5%	合计	养老保险	医疗保险	失业保险	工伤保险	生育保险	合计
总经办	总经理	郑快进	20,200.00	3,232.00	1,414.00	111.10	101.00	70.70	161.60	5,090.40	1,616.00	404.00	101.00	2,121.00	4,848.00	1,929.10	202.00	70.70	161.60	7,211.40
财务部	会计主管	王晓琳	8,700.00	1,392.00	609.00	47.85	43.50	30.45	69.60	2,192.40	696.00	174.00	43.5	913.50	2,088.00	830.85	87.00	30.45	69.60	3,105.90
	会计	朱红	6,200.00	992.00	434.00	34.10	31.00	21.70	49.60	1,562.40	496.00	124.00	31.00	651.00	1,488.00	592.10	62.00	21.70	49.60	2,213.40
	出纳	张燕	4,200.00	672.00	294.00	23.10	21.00	14.70	33.60	1,058.40	336.00	84.00	21.00	441.00	1,008.00	401.10	42.00	14.70	33.60	1,499.40
行政部	行政主管	朱波	8,200.00	1,312.00	574.00	45.10	41.00	28.70	65.60	2,066.40	656.00	164.00	41.00	861.00	1,968.00	783.10	82.00	28.70	65.60	2,927.40
	内勤	陈文	4,700.00	752.00	329.00	25.85	23.50	16.45	37.60	1,184.40	376.00	94.00	23.50	493.50	1,128.00	448.85	47.00	16.45	37.60	1,677.90
	内勤	王昌强	4,200.00	672.00	294.00	23.10	21.00	14.70	33.60	1,058.40	336.00	84.00	21.00	441.00	1,008.00	401.10	42.00	14.70	33.60	1,499.40
小计			56,400.00	9,024.00	3,948.00	310.20	282.00	197.40	451.20	14,212.80	4,512.00	1,128.00	282.00	5,922.00	13,536.00	5,386.20	564.00	197.40	451.20	20,134.80
销售部	销售主管	王倩	15,200.00	2,432.00	1,064.00	83.60	76.00	53.20	121.60	3,830.40	1,216.00	304.00	76.00	1,596.00	3,648.00	1,451.60	152.00	53.20	121.60	5,426.40
	销售员	李林	8,200.00	1,312.00	574.00	45.10	41.00	28.70	65.60	2,066.40	656.00	164.00	41.00	861.00	1,968.00	783.10	82.00	28.70	65.60	2,927.40
	销售员	王凯	6,200.00	992.00	434.00	34.10	31.00	21.70	49.60	1,562.40	496.00	124.00	31.00	651.00	1,488.00	592.10	62.00	21.70	49.60	2,213.40
小计			29,600.00	4,736.00	2,072.00	162.80	148.00	103.60	236.80	7,459.20	2,368.00	592.00	148.00	3,108.00	7,104.00	2,826.80	296.00	103.60	236.80	10,567.20
仓库部	仓库主管	徐旦波	8,000.00	1,280.00	560.00	44.00	40.00	28.00	64.00	2,016.00	640.00	160.00	40.00	840.00	1,920.00	764.00	80.00	28.00	64.40	2,856.00
	仓管员	李元明	4,500.00	720.00	315.00	24.75	22.50	15.75	36.00	1,134.00	360.00	90.00	22.50	472.50	1,080.00	429.75	45.00	15.75	36.00	1,606.50
采购部	采购主管	王峰	12,200.00	1,952.00	854.00	67.10	61.00	42.70	97.60	3,074.40	976.00	244.00	61.00	1281.00	2,928.00	1,165.10	122.00	42.70	97.60	4,355.40
	采购员	杨涛	6,700.00	1,072.00	469.00	36.85	33.50	23.45	53.60	1,688.40	536.00	134.00	33.50	703.50	1,608.00	639.85	67.00	23.45	53.60	2,391.90
小计			31,400.00	672.00	2,198.00	172.70	157.00	109.90	251.20	7,912.80	2,512.00	628.00	157.00	3,297.00	7,536.00	2,998.70	314.00	109.90	251.20	11,209.80
柴油发动机车间	车间主任	李玉松	16,700.00	2,672.00	1,169.00	91.85	83.50	58.45	133.60	4,208.40	1,336.00	334.00	83.50	1,753.50	4,008.00	1,594.85	167.00	58.45	133.60	5,961.90
	工人	马阳	6,300.00	1,008.00	441.00	34.65	31.50	22.05	50.40	1,587.60	504.00	126.00	31.50	661.50	1,512.00	601.65	63.00	22.05	50.40	2,249.10
	工人	张林	6,000.00	960.00	420.00	33.00	30.00	21.00	48.00	1,512.00	480.00	120.00	30.00	630.00	1,440.00	573.00	60.00	21.00	48.00	2,142.00
	工人	孟兰	5,800.00	928.00	406.00	31.90	29.00	20.30	46.40	1,461.60	464.00	116.00	29.00	609.00	1,392.00	553.90	58.00	20.30	46.40	2,070.60
小计			34,800.00	5,568.00	2,346.00	191.40	174.00	121.80	278.40	8,769.60	2,784.00	696.00	174.00	3,654.00	8,352.00	3,323.40	348.00	121.80	278.40	12,423.60
汽油发动机车间	车间主任	徐俊伟	16,700.00	2,672.00	1,169.00	91.85	83.50	58.45	133.60	4,208.40	1,336.00	334.00	83.50	1,753.50	4,008.00	1,594.85	167.00	58.45	133.60	5,961.90
	工人	蔡云烨	6,400.00	1,024.00	448.00	35.20	32.00	22.40	51.20	1,612.80	512.00	128.00	32.00	672.00	1,536.00	611.20	64.00	22.40	51.20	2,284.80
	工人	高一雯	6,000.00	960.00	420.00	33.00	30.00	21.00	48.00	1,512.00	480.00	120.00	30.00	630.00	1,440.00	573.00	60.00	21.00	48.00	2,142.00
	工人	陆飞	5,500.00	880.00	385.00	30.25	27.50	19.25	44.00	1,386.00	440.00	110.00	27.50	577.50	1,320.00	525.25	55.00	19.25	44.00	1,963.50
小计			34,600.00	5,536.00	2,422.00	190.30	173.00	121.10	555.20	8,719.20	2,768.00	692.00	173.00	3,633.00	8,304.00	3,304.30	346.00	121.10	276.80	12,352.20
合计			186,800.00	29,888.00	13,076.00	1,027.40	934.00	653.80	1,494.40	47,073.60	14,944.00	3,736.00	934.00	19,614.00	44,832.00	17,839.40	1,868.00	653.80	1,494.40	66,687.60

会计主管：王晓琳 复核： 王晓琳 制单：朱红

教学专用 1-10-1

住房公积金分配表

所属期限：2020年11月　　　　单位：元

部门	职位	姓名	本月工资基数	单位应缴8%	个人应缴8%	合计
总经办	总经理	郑快进	20,200.00	1,616.00	1,616.00	3,232.00
财务部	会计主管	王晓琳	8,700.00	696.00	696.00	1,392.00
	会计	朱红	6,200.00	496.00	496.00	992.00
	出纳	张燕	4,200.00	336.00	336.00	672.00
行政部	行政主管	朱波	8,200.00	656.00	656.00	1,312.00
	内勤	陈文	4,700.00	376.00	376.00	752.00
	内勤	王昌强	4,200.00	336.00	336.00	672.00
小计			56,400.00	4,512.00	4,512.00	9,024.00
销售部	销售主管	王倩	15,200.00	1,216.00	1,216.00	2,432.00
	销售员	李林	8,200.00	656.00	656.00	1,312.00
	销售员	王凯	6,200.00	496.00	496.00	992.00
小计			29,600.00	2,368.00	2,368.00	4,736.00
仓库部	仓库主管	徐旦波	8,000.00	640.00	640.00	1,280.00
	仓管员	李元明	4,500.00	360.00	360.00	720.00
采购部	采购主管	王峰	12,200.00	976.00	976.00	1,952.00
	采购员	杨涛	6,700.00	536.00	536.00	1,072.00
小计			31,400.00	2,512.00	2,512.00	5,024.00
柴油发动机车间	车间主任	李玉松	16,700.00	1,336.00	1,336.00	2,072.00
	工人	马阳	6,300.00	504.00	504.00	1,008.00
	工人	张林	6,000.00	480.00	480.00	960.00
	工人	孟兰	5,800.00	464.00	464.00	928.00
小计			34,800.00	2,784.00	2,784.00	5,568.00
汽油发动机车间	车间主任	徐俊伟	16,700.00	1,336.00	1,336.00	2,672.00
	工人	蔡云烨	6,400.00	512.00	512.00	1,024.00
	工人	高一雯	6,000.00	480.00	480.00	960.00
	工人	陆飞	5,500.00	440.00	440.00	880.00
小计			34,600.00	2,768.00	2,768.00	5,536.00
合计			186,800.00	14,944.00	14,944.00	29,888.00

会计主管：王晓琳　　　　复核：王晓琳　　　　制单：朱红

教学专用 1-11-1-1

3200204580

上海增值税专用发票

抵扣联

№ 15718638 3200204580 15718638

开票日期： 2020年11月30日

购买方	名称：京州市新大风发动机制造厂 纳税人识别号：91320200672220538D 地址、电话：京州市浦口大道88号 086-82244660 开户行及账号：中国银行京州浦口支行 458558198758	密码区	94<>+0>>>>6<531806/82349292 8/*804195-4+<169*5-0<068*</ -2*86**3<<7>/320/21<0</*23* 905666624<1-+-4+**561644>5-

货物或应税劳务、服务名称	规格型号	单位	数量	单价	金额	税率	税额
*机床*锻造机床		台	1	530 973.451 3	530 973.45	13%	69 026.55
*机床*锻造机床工具套装		套	1	265 486.725 7	265 486.73	13%	34 513.27
*机床*数控机床		台	1	530 973.451 3	530 973.45	13%	69 026.55
*机床*数控机床工具套装		套	1	265 486.725 7	265 486.73	13%	34 513.27
合计					¥1 592 920.36		¥207 079.64
价税合计(大写)	⊗壹佰捌拾万圆整				(小写)¥1 800 000.00		

销售方	名称：汉东知易机械制造有限公司 纳税人识别号：91320203178105382L 地址、电话：京州市珠江路58号 086-52317338 开户行及账号：工商银行京州珠江路支行 1103020817200194232	备注	

收款人：王丽　　复核：李伟　　开票人：高峰　　销售方：（章）

第二联：抵扣联 购买方扣税凭证

税总函[2019]361号汉东造币有限公司

汉东知易机械制造有限公司 91320203178105382L 发票专用章

教学专用 1-11-1-2

3200203320

汉东增值税专用发票

发票联

№ 15718638 3200204580 15718638

开票日期： 2020年11月30日

购买方	名称：京州市新大风发动机制造厂 纳税人识别号：91320200672220538D 地址、电话：京州市浦口区浦口大道88号 086-82244660 开户行及账号：中国银行京州浦口支行 458558198758	密码区	51<>+0>>>>6<081296/88127745 8/*803654-4+<169*5-0<068*</ -2*86**8<<7>/320/21<0</*23 905121224<1-+-4+**561644>5-

货物或应税劳务、服务名称	规格型号	单位	数量	单价	金额	税率	税额
*机床*锻造机床		台	1	530 973.451 3	530 973.45	13%	69 026.55
*机床*锻造机床工具套装		套	1	265 486.725 7	265 486.73	13%	34 513.27
*机床*数控机床		台	1	530 973.451 3	530 973.45	13%	69 026.55
*机床*数控机床工具套装		套	1	265 486.725 7	265 486.73	13%	34 513.27
合计					¥1 592 920.36		¥207 079.64
价税合计(大写)	⊗壹佰捌拾万圆整				(小写)¥1 800 000.00		

销售方	名称：汉东知易机械制造有限公司 纳税人识别号：91320203178105382L 地址、电话：京州市珠江路58号 086-52317338 开户行及账号：工商银行京州珠江路支行 1103020817200194232	备注	

收款人：王丽　　复核：李伟　　开票人：高峰　　销售方：（章）

第三联：发票联 购买方记账凭证

税总函[2017]520号汉东造币有限公司

汉东知易机械制造有限公司 91320203178105382L 发票专用章

教学专用 1-11-2

固定资产验收单

所属期限：2020年11月30日　　　　　　　　　　　　　　　　单位：元

序号	固定资产名称	规格型号	类别	数量	单位	金额（元）	使用部门	入账日期	增加方式	折旧方法	使用年限	预计净残值
A007	锻造机床	NNC01	机器机械生产设备	1	台	530,973.45	柴油发动机车间	2020年11月	购入	平均年限法	10	26,548.67
A008	锻造机床工具套装	LLJ01	器具、工具、家具	1	套	265,486.73	柴油发动机车间	2020年11月	购入	平均年限法	5	13,274.34
A009	数控机床	PNC02	机器机械生产设备	1	台	530,973.45	汽油发动机车间	2020年11月	购入	平均年限法	10	26,548.67
A010	数控机床工具套装	YNL02	器具、工具、家具	1	套	265,486.73	汽油发动机车间	2020年11月	购入	平均年限法	5	13,274.34

会计主管：王晓琳　　　　复核：王晓琳　　　　制单：朱红

教学专用 1-11-3

付款申请单

申请部门：采购部　　　　2020 年 11 月 30 日填

收款单位	汉东知易机械制造有限公司	付款原因
银行账号	1103020817200194232	设备款
开户行	工商银行京州珠江路支行	
付款方式	转账	
付款截止日		
人民币（大写）	壹佰捌拾零万零仟零佰零拾零元零角零分	¥ 1,800,000.00

领导审批 郑快进　　财务主管 王晓琳　　部门主管 王峰　　经办人 杨涛

中国银行 BANK OF CHINA

国内支付业务付款回单

客户号：150347939　　　　日期：2020年11月30日

付款人账号：458558198758　　　　收款人账号：1103020817200194232

付款人名称：京州市新大风发动机制造厂　　　　收款人名称：汉东知易机械制造有限公司

付款人开户行：中国银行京州浦口支行　　　　收款人开户行：工商银行京州珠江路支行

金额：CNY1,800,000.00

人民币壹佰捌拾万元整

报文种类：beps.121.001.01-客户发起普通贷记业务报文

业务类型：A100-普通汇兑　　　　收支申报号：

业务标识号：20200313445055386　　　　业务编号：BNET 5600006178686634/000000000000

发起行行号：104302046303　　　　接收行行号：402332509010

发起行名称：中国银行股份有限公司京州浦口支行　　　　接收行名称：工商银行京州珠江路支行

扣账账号：458558198758　　　　扣账户名：京州市新大风发动机制造厂

用途：设备款

附言：设备款

中国银行股份有限公司 电子回单专用章

如您已通过银行网点取得相应纸质回单，请注意核对，勿重复记账！

交易机构：07195　　交易渠道：网上银行　　交易流水号：108257730-581　　经办：

回单编号：2020113039183197　　回单验证码：242K3LFR7R87　　打印时间：　　打印次数：　次

教学专用 1-12-1

中国银行 BANK OF CHINA

客户借记回单

客户号：150347939　　日期：2020年11月30日

付款人账号：458558198758　　收款人账号：

付款人名称：京州市新大风发动机制造厂　　收款人名称：

付款人开户行：中国银行京州浦口支行　　收款人开户行：

金额：CNY32.00

人民币叁拾贰元整

业务种类：转账支出　　业务编号：　　凭证号码：

用途：

备注：企业网银手续费

附言：

如您已通过银行网点取得相应纸质回单，请注意核对，勿重复记账！

中国银行股份有限公司 电子回单专用章

交易机构：07195　　交易渠道：其他　　交易流水号：175174762-549　　经办：

回单编号：2020113054583426　　回单验证码：242K3M3QL9FC　　打印时间：　　打印次数：　　次

京州市新大风机电设备有限公司

当期损益汇总计算表

2020年12月

结转科目		借方	贷方
收益类	主营业务收入		
	其他业务收入		
	营业外收入		
	投资收益		
	公允价值变动损益		
成本费用税金类	主营业务收入		
	其他业务收入		
	营业外收入		
	管理费用		
	销售费用		
	财务费用		
	税金及附加		
	资产减值损失		
	所得税费用		
合　计			
当期损益（收益－成本费用税金）			
备注：当期损益正数为盈利，负数为亏损。			

会计主管：王晓琳　　复核：王晓琳　　制单：朱红

教学专用 2-1-1

中国银行

现金支票存根

30408226

37226902

附加信息

出票日期 2020 年 12 月 01 日

收款人：京州市新大风发动机制造厂
金　额：¥20,000.00
用　途：备用金

单位主管 王晓琳 会计 朱红

上海证券印刷有限公司·2019印制

教学专用 2-2-1-1

机动车销售统一发票

发票联

发票代码 132002022360

发票号码 02038243

开票日期 2020-12-01

机打代码 机打号码 机器编码	132001822360 02038243 589900256831	税控码	02310<9*07/80439<26/6>>7<9-30--0*4/93 5-25<036/214<511+>1+186>5555>>026*219* *3>92><5*+/4+165+51535/9<<0/2-672436*< 5*>114>525771>9>+36<>56*1*+-809//0<36- +500850-6379+-942*<>26*418016370610788		
购买方名称 身份证号码/ 组织机构代码	京州市新大风发动机制造厂	纳税人识别号	91320200672220538D		
车辆类型	*机动车*轿车	厂牌型号	YQZ6430AE	产地	京州
合格证号	VBG2X1130026815	进口证明书号		商检单号	
发动机号码	130211569	车辆识别代号/车架号码	LSGFC54UXDF088434		
价税合计	⊗ 壹拾叁万玖仟贰佰圆整		小写 ¥139,200.00		
销货单位名称	京州市新纪元汽车贸易有限公司	电话	086-83175624		
纳税人识别号	913202003135629412B	账号	0200004719200102148		
地址	京州市长江北路5号	开户银行	京州市工行长江北路支行		
增值税税率或征收率	13%	增值税税额	¥16,014.16	主管税务机关及代码	京州市玄武区税务区
不含税价	小写 ¥123,185.84	完税凭证号码		吨位	限乘人数 5

第一联 发票联（购货单位付款凭证）

（手开无效）

如皋信谊票据2019.01.印4万份（4万份×6）01125001#-01165000#

教学专用 2-2-1-2

机动车销售统一发票

抵扣联

开票日期 2020-12-01

发票代码 132002022360
发票号码 02038243

机打代码 机打号码 机器编码	132001822360 02038243 589900256831	税控码	02310<9*07/80439<26/6>>7<9-30--0*4/93 5-25<036/214<511+>1+186>5555>>026*219* *3>92><5*+/4+165+51535/9<<0/2-672436< 5*>114>525771>9>+36<>56*1*+-809//0<36- +500850-6379+-942*<>26*418016370610788
购买方名称 身份证号码/ 组织机构代码	京州市新大风发动机制造厂	纳税人识别号	91320200672220538D
车辆类型	*机动车*新车	厂牌型号	YQZ6430AE　产地 京州
合格证号	VBG2X1130026815	进口证明书号	商检单号
发动机号码	130211569	车辆识别代号/车架号码	LSGFC54UXDF088434
价税合计	⊗壹拾叁万玖仟贰佰圆整		小写 ¥139,200.00
销货单位名称	京州市新纪元汽车贸易有限公司	电话	086-83175624
纳税人识别号	91320200313562941 2B	账号	0200004719200102148
地址	京州市长江北路5号	开户银行	京州市工行长江北路支行
增值税税率或征收率	13%　　¥16,014.16	主管税务机关及代码	京州市玄武区税务区
不含税价	小写 ¥123,185.84	完税凭证号码	吨位　　限乘人数 5

第二联 抵扣联（购货单位扣税凭证）

（手开无效）

销货单位盖章　　开票人：张一　　备注：一车一票

如皋信谊票据2019.01.印4万份（4万份×6）01125001#-01165000#

教学专用 2-2-2

中华人民共和国
税收缴款书（税务收现专用）

(141) 苏国现 0220086 号

登记注册类型　　填表日期：2020年12月01日　　税务机关：京州市国家税务总局第一税务局

纳税人识别号	91320200672220538D			纳税人名称	京州市新大风发动机制造厂		
地　址	京州市浦口区浦口大道88号						
税　种	品目名称	课程数量	计税余额或销售收入	税率或单位税额	税款所属时期	已缴或扣除额	实缴金额
车辆购置税		1台	¥123,185.84	10%			¥12,318.58
金额合计	（大写）人民币壹万贰仟叁佰壹拾捌元伍角捌分						¥12,318.58
税务机关（盖章）	代征单位（盖章）	填票人（章）孙翠巧	备注　收款方式：现金				

中国银行 京州分行 2020-12-01 现金业务（1）清讫

京州市国家税务局 票据专用章 (10)

教学专用 2-2-3

固定资产验收单

所属期限：2020年12月　　单位：元

序号	固定资产名称	型号规格	类别	金额（元）	使用部门	入账日期	增加方式	折旧方法	使用年限	预计净残值
A011	轿车	大众	交通工具	135,504.42	行政部	2020/12/01	购入	平均年限法	4	6,775.22

教学专用 2-2-4

付款申请单

申请部门：行政部　　　　2020 年 12 月 01 日填

收款单位	京州市新纪元汽车贸易有限公司	付款原因
银行账号	0200004719200102148	购轿车
开户行	京州市工行长江北路支行	
付款方式	转账	
付款截止日		
人民币（大写）	⊗佰壹拾叁万玖仟贰佰零拾零元零角零分	¥ 139,200.00

领导审批 郑快进　　财务主管 王晓琳　　部门主管 朱波　　经办人 陈文

教学专用 2-2-5

中国银行 BANK OF CHINA

国内支付业务付款回单

客户号：150347939　　日期：2020年12月01日

付款人账号：458558198758　　收款人账号：

付款人名称：京州市新大风发动机制造厂　　收款人名称：国家金库京州市中心支库

付款人开户行：中国银行京州浦口支行　　收款人开户行：

金额：CNY12, 318. 58

人民币壹万贰仟叁佰壹拾捌元伍角陆分

业务种类：实时缴税　　业务编号：18408056　　凭证字号：2020120118660201

纳税人识别号：91320200672220538D　　缴款书交易流水号：29935358　　税票号码：320200212007882476

纳税人全称：京州市新大风发动机制造厂

征收机关名称：国家税务总局京州市第一税务分局

收款国库（银行）名称：国家金库京州市中心支库

税（费）种名称	所属日期	实缴金额
车辆购置税	2020/12/01-2020/12/31	CNY12, 318. 58

如您已通过银行网点取得相应纸质回单，请注意核对，勿重复记账！

中国银行股份有限公司 电子回单专用章

交易机构：07195　　交易渠道：其他　　交易流水号：158305424-580　　经办：

回单编号：2020120117932546　　回单验证码：242K3LUILX6K4　　打印时间：　　打印次数：　　次

教学专用 2-2-6

中国银行 BANK OF CHINA

国内支付业务付款回单

客户号：150347939　　　　日期：2020年12月01日

付款人账号：458558198758　　　　收款人账号：0200004719200102148

付款人名称：京州市新大风发动机制造厂　　　　收款人名称：京州市新纪元汽车贸易有限公司

付款人开户行：中国银行京州浦口支行　　　　收款人开户行：京州市工行长江北路支行

金额：CNY139,200.00
人民币壹拾叁万玖仟贰佰元整

报文种类：beps.121.001.01-客户发起普通贷记业务报文
业务类型：A100-普通汇兑
业务标识号：2020120145055386
发起行行号：104302046303
发起行名称：中国银行股份有限公司京州浦口支行

收支申报号：
业务编号：BNET 5600006178686634/000000000000
接收行行号：402332509010
接收行名称：京州市工行长江北路支行

扣账账号：458558198758　　　　扣账户名：京州市新大风发动机制造厂

用途：购轿车

附言：购轿车

（印章：中国银行股份有限公司 电子回单专用章）

如您已通过银行网点取得相应纸质回单，请注意核对，勿重复记账！

交易机构：07195　　交易渠道：网上银行　　交易流水号：108257730-581　　经办：

回单编号：2020120139183197　　回单验证码：242K3LFR7R87　　打印时间：　　打印次数：　　次

教学专用 2-3-1

差旅费报销单

报销部门：销售部　　2020年 12 月 02 日填　　单据及附件共 3 张

姓名	王倩	职别	销售主管	出差事由	拜访客户						
出差起止日期：自 2020年 11 月 28 日起至 2020 年 12 月 01 日止　共 4 天											
月	日	起讫地点	天数	机票费	车船费	住宿费	餐费补助	出差补助	住宿节约补助	其他	小计
11	28	京州－武汉		1200.00							1200.00
12	01	武汉－京州		1200.00		1080.00				170.00	2450.00
		合计		2400.00		1080.00				170.00	3650.00
人民币（大写）		⊗拾⊗万叁仟陆佰伍拾零元零角零分				原借款： 元		退/补： 元			

（印章：现金付讫）

领导审批 郑快进　部门主管 王倩　财务主管 王晓琳　会计 朱红　出纳 张燕　领款人 王倩

教学专用 2-3-2

4200203032

湖北增值税普通发票

发票联

№ 00950384 4200203032 00950384

开票日期： 2020年12月01日

校验码 63366 30696 39935 62106

购买方	名称：京州市新大风发动机制造厂 纳税人识别号：91320200672220538D 地址、电话：京州市浦口区浦口大道88号 086-82244660 开户行及账号：中国银行京州浦口支行 458558198758	密码区	27<>+0>>>>6<531806/82349292 8/*237615-4+<169*5-0<068*</ -2*86**8<<7>/320/21<0</*23 111116624<1-+-4+**561644>5-

货物或应税劳务、服务名称	规格型号	单位	数量	单价	金额	税率	税额
*餐饮服务*餐饮费			3	55.0167	165.05	3%	4.95
*住宿服务*住宿费			3	349.5133	1048.54	3%	31.46
合计					¥1213.59		¥36.41
价税合计（大写）	⊗ 壹仟贰佰伍拾圆整				（小写）¥1250.00		

销售方	名称：武汉新世界酒店 纳税人识别号：91340200676745389D 地址、电话：武汉市解放大道98号 027-82244888 开户行及账号：中国银行武汉解放路支行 458888192758	备注	

收款人：黄玲　复核：陈晨　开票人：李琳　销售方：（章）

第二联：发票联 购买方记账凭证

税总函〔2019〕520号汉东造币有限公司

教学专用 2-3-3

航空运输电子客票行程单

ITINERARY/RECEIPT OFE-TICKET FOR AIR TRANSPORT

印刷序号：SERIAL NUMBER:

旅客姓名 NAME OF PASSENGER	有效身份证件号码 ID.NO.	签注 ENDORSEMENT/RESTRCTIONS(CABRON)
王倩	32010819661025452X	不得签转

		承运人 CARRIER	航班号 FLIGHT	座位等级 CLASS	日期 DATE	时间 TIME	客票级别/客票类别 FARE BASIS	NOTVALIDB EFORE	NOTVALTDA TER	免费行李 ALLOW
自FROM	京州 JIZ	MF	8460	M	28Nov	1405	Y70.0			20K
至TO	武汉 WUH		VOID		CYN		Y50.00			
至TO	VOID									
至TO										
至TO		票价 FARE CNY 1150.00		民航发展基金 CNY 50.00		燃油附加费 CNY 0.00	其他税费 CNY	合计 TOTAL CNY 1200.00		

电子客票号码 E-TICKET NO.	7312324417620	验证码 CK	提示信息 IMPORMATION	保险费 INSURANCE	XXX
销售单位代号 AGENT CODE	XMN021 08673102	填开单位 ISSUED BY	京州华信航空服务公司	填开日期 DATE OF ISSUE	2020-12-01

验证网址：WWW.TRAVELSKY.COM 服务热线：400-815-888 短信验真：发送IP至106699018

请乘客乘机前认真阅读《旅客须知》及承运人的运输总条件内容

付款凭证 RECEIPT

手写无效 INVALID IN HANDWRITING

教学专用 2-3-4

航空运输电子客票行程单

ITNERARY/RECEIPT OFE-TICKET FOR AIR TRANSPORT

印刷序号：SERIAL NUMBER:

旅客姓名 NAME OF PASSENGER	有效身份证件号码 ID.NO.	签注 ENDORSEMENT/RESTRCTIONS(CABRON)
王倩	32010819661025452X	不得签转

		承运人 CARRIER	航班号 FLIGHT	座位等级 CLASS	日期 DATE	时间 TIME	客票级别/客票类别 FARE BASIS	NOTVALIDB EFORE	NOTVALTDA TER	免费行李 ALLOW
自FROM	武汉 WUH	MF	8460	M	01Dec	1405	Y70.0			20K
至TO	京州 JIZ		VOID							
至TO	VOID									
至TO										
至TO		票价 FARE CNY 1150.00	民航发展基金 CNY 50.00		燃油附加费 CNY 0.00		其他税费 CNY	合计 TOTAL CNY 1200.00		

电子客票号码 E-TICKET NO. 7312324417620 验证码 CK 提示信息 IMPORMATION 保险费 INSURANCE XXX

销售单位代号 AGENT CODF XMN021 08673102 填开单位 ISSUED BY 京州华信航空服务公司 填开日期 DATE OF ISSUE 2020-12-01

验证网址：WWW.TRAVELSKY.COM 服务热线：400-815-888 短信验真：发送IP至106699018

请乘客乘机前认真阅读《旅客须知》及承运人的运输总条件内容

付款凭证 RECEIPT

手写无效 INVALIDN HANDWRITING

教学专用 2-4-1

工资发放明细表

所属期限：2020年11月　　　　单位：元

所属部门	姓名	职位	所属月份	基本工资	满勤奖	加班	应发工资	应扣个人缴纳保险					税前合计	专项附加扣除	个人所得税	实发金额	签字
								养老保险 8%	医疗保险 2%	失业保险 0.5%	住房公积金 8%	合计					
总经办	郑快进	总经理	202011	20,000.00	200.00		20,200.00	1,616.00	404.00	101.00	1,616.00	3,737.00	16,463.00	1,000.00	313.89	16,149.11	郑快进
财务部	王晓琳	会计主管	202011	8,500.00	200.00		8,700.00	696.00	174.00	43.50	696.00	1,609.50	7,090.50	2,500.00	0.00	7,090.50	王晓琳
行政部	朱红	会计	202011	6,000.00	200.00		6,200.00	496.00	124.00	31.00	496.00	1,147.00	5,053.00	0.00	1.59	5,051.41	朱红
	张燕	出纳	202011	4,000.00	200.00		4,200.00	336.00	84.00	21.00	336.00	777.00	3,423.00	400.00	0.00	3,423.00	张燕
	朱波	行政主管	202011	8,000.00	200.00		8,200.00	656.00	164.00	41.00	656.00	1,517.00	6,683.00	500.00	35.49	6,647.51	朱波
	陈文	内勤	202011	4,500.00	200.00		4,700.00	376.00	94.00	23.50	376.00	869.50	3,830.50	2,000.00	0.00	3,830.50	陈文
	王昌强	内勤	202011	4,000.00	200.00		4,200.00	336.00	84.00	21.00	336.00	777.00	3,423.00	0.00	0.00	3,423.00	王昌强
小计				55,000.00	1,400.00	0.00	56,400.00	4,512.00	1,128.00	282.00	4,512.00	10,434.00	45,966.00	6,400.00	350.97	45,615.03	
销售部	王倩	销售主管	202011	15,000.00	200.00		15,200.00	1,216.00	304.00	76.00	1,216.00	2,812.00	12,388.00	1,400.00	179.64	12,208.36	王倩
	李林	销售员	202011	8,000.00	200.00		8,200.00	656.00	164.00	41.00	656.00	1,517.00	6,683.00	2,000.00	0.00	6,683.00	李林
	王凯	销售员	202011	6,000.00	200.00		6,200.00	496.00	124.00	31.00	496.00	1,147.00	5,053.00	0.00	1.59	5,051.41	王凯
小计				29,000.00	600.00	0.00	29,600.00	2,368.00	592.00	148.00	2,368.00	5,476.00	24,124.00	3,400.00	181.23	23,942.77	
辅助部门仓库部	徐旦波	仓库主管	202011	7,500.00	200.00	300.00	8,000.00	640.00	160.00	40.00	640.00	1,480.00	6,520.00	1,000.00	15.60	6,504.40	徐旦波
	李元明	仓管员	202011	4,000.00	200.00	300.00	4,500.00	360.00	90.00	22.50	360.00	832.50	3,667.50	0.00	0.00	3,667.50	李元明
辅助部门采购部	王峰	采购主管	202011	12,000.00	200.00		12,200.00	976.00	244.00	61.00	976.00	2,257.00	9,943.00	1,000.00	118.29	9,824.71	王峰
	杨涛	采购员	202011	6,500.00	200.00		6,700.00	536.00	134.00	33.50	536.00	1,239.50	5,460.50	0.00	13.82	5,446.68	杨涛
小计				30,000.00	800.00	600.00	31,400.00	2,512.00	628.00	157.00	2,512.00	5,809.00	25,591.00	2,000.00	147.71	25,443.29	
柴油发动机车间	李玉松	车间主任	202011	16,000.00	200.00	500.00	16,700.00	1,336.00	334.00	83.50	1,336.00	3,089.50	13,610.50	0.00	258.32	13,352.18	李玉松
	马阳	工人	202011	5,500.00	200.00	600.00	6,300.00	504.00	126.00	31.50	504.00	1,165.50	5,134.50	0.00	4.04	5,130.46	马阳
	张林	工人	202011	5,300.00	200.00	500.00	6,000.00	480.00	120.00	30.00	480.00	1,110.00	4,890.00	0.00	0.00	4,890.00	张林
	孟兰	工人	202011	5,000.00	200.00	600.00	5,800.00	464.00	116.00	29.00	464.00	1,073.00	4,727.00	0.00	0.00	4,727.00	孟兰
汽油发动机车间	徐俊伟	车间主任	202011	16,000.00	200.00	500.00	16,700.00	1,336.00	334.00	83.50	1,336.00	3,089.50	13,610.50	2,500.00	183.32	13,427.18	徐俊伟
	蔡云烨	工人	202011	5,500.00	200.00	700.00	6,400.00	512.00	128.00	32.00	512.00	1,184.00	5,216.00	0.00	6.48	5,209.52	蔡云烨
	高一雯	工人	202011	5,200.00	200.00	600.00	6,000.00	480.00	120.00	30.00	480.00	1,110.00	4,890.00	0.00	0.00	4,890.00	高一雯
	陆飞	工人	202011	4,800.00	200.00	500.00	5,500.00	440.00	110.00	27.50	440.00	1,017.50	4,482.50	0.00	0.00	4,482.50	陆飞
小计				63,300.00	1,600.00	4,500.00	69,400.00	5,552.00	1,388.00	347.00	5,552.00	12,839.00	56,561.00	2,500.00	452.16	56,108.84	
合计				177,300.00	4,400.00	5,100.00	186,800.00	14,944.00	3,736.00	934.00	14,944.00	34,558.00	152,242.00	14,300.00	1,132.07	151,109.93	

教学专用 2-4-2

中国银行 BANK OF CHINA

国内支付业务付款回单

客户号：150347939　　　　日期：2020年12月05日

付款人账号：458558198758　　　　收款人账号：

付款人名称：京州市新大风发动机制造厂　　　　收款人名称：

付款人开户行：中国银行京州浦口支行　　　　收款人开户行：

金额：CNY151,109.93

人民币壹拾伍万壹仟壹佰零玖元玖角叁分

报文种类：beps.121.001.01-客户发起普通贷记业务报文

业务类型：A100-普通汇兑　　　　收支申报号：

业务标识号：2020120545055386　　　　业务编号：BNET 5600006178686634/000000000000

发起行行号：104302046303　　　　接收行行号：402332509010

发起行名称：中国银行股份有限公司京州浦口支行　　　　接收行名称：中国银行京州浦口支行

扣账账号：458558198758　　　　扣账户名：京州市新大风发动机制造厂

用途：批量代发工资

附言：批量代发工资

如您已通过银行网点取得相应纸质回单，请注意核对，勿重复记账！

中国银行股份有限公司 电子回单专用章

交易机构：07195　　交易渠道：网上银行　　交易流水号：108257730-581　　经办：

回单编号：2020120539183197　　回单验证码：242K3LFR7R87　　打印时间：　　打印次数：　　次

特殊业务中行京州浦口支行批量代付成功清单

机构代码：3826 机构名称：中行京州浦口支行 入账日期：2020年12月05日

账号	姓名	金额
6216612800004447281	郑快进	16,149.11
6216612800004447282	王晓琳	7,090.50
6216612800004447283	朱红	5,051.41
6216612800004447284	张燕	3,423.00
6216612800004447285	朱波	6,647.51
6216612800004447286	陈文	3,830.50
6216612800004447287	王昌强	3,423.00
6216612800004447288	王倩	12,208.36
6216612800004447289	李林	6,683.00
6216612800004447290	王凯	5,051.41
6216612800004447291	李玉松	13,352.18
6216612800004447292	徐俊伟	13,427.18
6216612800004447294	马阳	5,130.46
6216612800004447295	张林	4,890.00
6216612800004447296	蔡云烨	5,209.52
6216612800004447297	高一雯	4,890.00
6216612800004447298	杨涛	5,446.68
6216612800004447299	陆飞	4,482.50
6216612800004447300	徐旦波	6,504.40
6216612800004447301	王峰	9,824.71
6216612800004447302	李元明	3,667.50
6216612800004447303	孟兰	4,727.00
合计		151,109.93

中国银行股份有限公司
京州浦口支行
2020-12-05
业务受理章

教学专用 2-5-1-1

3200204161

汉东增值税专用发票

抵扣联

№ 01475643 3200204161 01475643

开票日期： 2020年12月09日

购买方	名　　称：京州市新大风发动机制造厂 纳税人识别号： 91320200672220538D 地 址、电 话：京州市浦口大道88号 086-82244660 开户行及账号：中国银行京州浦口支行 458558198758	密码区	94<>+0>>>>6<531806/82349292 8/*804195-4+<169*5-0<068*</ -2*86**3<<7>/320/21<0</*23* 905666624<1-+-4+**561644>5-

货物或应税劳务、服务名称	规格型号	单位	数 量	单 价	金 额	税率	税 额
*发动机*喷油嘴	S408	件	65	2 001.769 9	130 115.04	13%	16 914.96
合　　计					¥ 130 115.04		¥ 16 914.96
价税合计（大写）	⊗ 壹拾肆万柒仟零叁拾圆整				（小写）¥ 147 030.00		

销售方	名　　称：京州汇东机电设备有限公司 纳税人识别号： 91310142747480997A 地 址、电 话：京州河唝口富特中路286号1号楼 086-50472176 开户行及账号：建行河唝口支行 310015695120570013 43	备注	

收款人： 王莎莎　　复核： 王莎莎　　开票人：余杭　　销售方：（章）

第二联：抵扣联 购买方扣税凭证

税总函〔2019〕361号汉东造币有限公司

教学专用 2-5-1-2

3200204161

汉东增值税专用发票

发票联

№ 01475643 3200204161 01475643

开票日期： 2020年12月09日

购买方	名　　称：京州市新大风发动机制造厂 纳税人识别号： 91320200672220538D 地 址、电 话：京州市浦口大道88号 086-82244660 开户行及账号：中国银行京州浦口支行 458558198758	密码区	94<>+0>>>>6<531806/82349292 8/*804195-4+<169*5-0<068*</ -2*86**3<<7>/320/21<0</*23* 905666624<1-+-4+**561644>5-

货物或应税劳务、服务名称	规格型号	单位	数 量	单 价	金 额	税率	税 额
*发动机*喷油嘴	S408	件	65	2 001.769 9	130 115.04	13%	16 914.96
合　　计					¥ 130 115.04		¥ 16 914.96
价税合计（大写）	⊗ 壹拾肆万柒仟零叁拾圆整				（小写）¥ 147 030.00		

销售方	名　　称：京州汇东机电设备有限公司 纳税人识别号： 91310142747480997A 地 址、电 话：京州河唝口富特中路286号1号楼 086-50472176 开户行及账号：建行河唝口支行 310015695120570013 43	备注	

收款人： 王莎莎　　复核： 王莎莎　　开票人：余杭　　销售方：（章）

第三联：发票联 购买方记账凭证

税总函〔2019〕361号汉东造币有限公司

教学专用 2-5-2

付 款 申 请 单

申请部门：采购部　　　　2020 年 12 月 09 日 填

收款单位	京州汇东机电设备有限公司	付款原因
银行账号	31001569512057001343	材料款
开户行	建行河埒口支行	
付款方式		
付款截止日	转账	
人民币（大写）	⊗佰壹拾肆万柒仟零佰叁拾零元零角零分	¥ 147,030.00

领导审批 郑快进　财务主管 王晓琳　部门主管 王峰　经办人 杨涛

教学专用 2-5-3

中国银行 BANK OF CHINA

国内支付业务付款回单

客户号：150347939　　日期：2020年12月09日

付款人账号：458558198758　　收款人账号：31001569512057001343

付收款人名称：京州市新大风发动机制造厂　　收款人名称：京州汇东机电设备有限公司

付款人开户行：中国银行京州浦口支行　　收款人开户行：建行河埒口支行

金额：CNY147,030.00

人民币壹拾肆万柒仟零叁拾元整

报文种类：beps.121.001.01-客户发起普通贷记业务报文
业务类型：A100-普通汇兑
业务标识号：2020120945055386
发起行行号：104302046303
发起行名称：中国银行股份有限公司京州浦口支行

收支申报号：
业务编号：BNET 5600006178686634/000000000000
接收行行号：402332509010
接收行名称：建行河埒口支行

扣账账号：458558198758　　扣账户名：京州市新大风发动机制造厂

用途：货款

附言：货款

中国银行股份有限公司 电子回单专用章

如您已通过银行网点取得相应纸质回单，请注意核对，勿重复记账！

交易机构：07195　交易渠道：网上银行　交易流水号：108257730-581　经办：

回单编号：2020120939183197　回单验证码：242K3LFR7R87　打印时间：　打印次数：　次

教学专用 **2-6-1**

收 料 单

№ 0001

材料科目：原材料

供应单位：京州汇东机电设备有限公司

发票号码：01475643　　2020 年 12 月 10 日　　收料仓库：

材料名称	规格	计量单位	数量		实际成本					
			应收	实收	买价		摊运杂费	其他	合计	单位成本
					单价	金额				
喷油嘴		件	65	65	2,001.7699	130,115.04	—	—	130,115.04	
合　计									130,115.04	

记账：朱红　　收料：李元明　　制单：李元明

②交会计（绿）

教学专用 **2-7-1**

社保保险费计算表

所属期限：2020年12月　　单位：元

部门	职位	姓名	本月工资基数	企业							个人				合计					
				养老保险 10%	基本医疗保险 7%	补充医疗保险 0.55%	失业保险 0.5%	工伤保险 0.35%	生育保险 0.8%	合计	养老保险 8%	医疗保险 2%	失业保险 0.5%	合计	养老保险	医疗保险	失业保险	工伤保险	生育保险	合计
总经办	总经理	郑快进	20,200.00	3,232.00	1,414.00	111.10	101.00	70.70	161.60	5,090.40	1,616.00	404.00	101.00	2,121.00	4,848.00	1,929.10	202.00	70.70	161.60	7,211.40
财务部	会计主管	王晓琳	8,700.00	1,392.00	609.00	47.85	43.50	30.45	69.60	2,192.40	696.00	174.00	43.5	913.50	2,088.00	830.85	87.00	30.45	69.60	3,105.90
	会计	朱红	6,200.00	992.00	434.00	34.10	31.00	21.70	49.60	1,562.40	496.00	124.00	31.00	651.00	1,488.00	592.10	62.00	21.70	49.60	2,213.40
	出纳	张燕	4,200.00	672.00	294.00	23.10	21.00	14.70	33.60	1,058.40	336.00	84.00	21.00	441.00	1,008.00	401.10	42.00	14.70	33.60	1,499.40
行政部	行政主管	朱波	8,200.00	1,312.00	574.00	45.10	41.00	28.70	65.60	2,066.40	656.00	164.00	41.00	861.00	1,968.00	783.10	82.00	28.70	65.60	2,927.40
	内勤	陈文	4,700.00	752.00	329.00	25.85	23.50	16.45	37.60	1,184.40	376.00	94.00	23.50	493.50	1,128.00	448.85	47.00	16.45	37.60	1,677.90
	内勤	王昌强	4,200.00	672.00	294.00	23.10	21.00	14.70	33.60	1,058.40	336.00	84.00	21.00	441.00	1,008.00	401.10	42.00	14.70	33.60	1,499.40
小计			56,400.00	9,024.00	3,948.00	310.20	282.00	197.40	451.20	14,212.80	4,512.00	1,128.00	282.00	5,922.00	13,536.00	5,386.20	564.00	197.40	451.20	20,134.80
销售部	销售主管	王倩	15,200.00	2,432.00	1,064.00	83.60	76.00	53.20	121.60	3,830.40	1,216.00	304.00	76.00	1,596.00	3,648.00	1,451.60	152.00	53.20	121.60	5,426.40
	销售员	李林	8,200.00	1,312.00	574.00	45.10	41.00	28.70	65.60	2,066.40	656.00	164.00	41.00	861.00	1,968.00	783.10	82.00	28.70	65.60	2,927.40
	销售员	王凯	6,200.00	992.00	434.00	34.10	31.00	21.70	49.60	1,562.40	496.00	124.00	31.00	651.00	1,488.00	592.10	62.00	21.70	49.60	2,213.40
小计			29,600.00	4,736.00	2,072.00	162.80	148.00	103.60	236.80	7,459.20	2,368.00	592.00	148.00	3,108.00	7,104.00	2,826.80	296.00	103.60	236.80	10,567.20
仓库部	仓库主管	徐旦波	8,000.00	1,280.00	560.00	44.00	40.00	28.00	64.00	2,016.00	640.00	160.00	40.00	840.00	1,920.00	764.00	80.00	28.00	64.40	2,856.00
	仓管员	李元明	4,500.00	720.00	315.00	24.75	22.50	15.75	36.00	1,134.00	360.00	90.00	22.50	472.50	1,080.00	429.75	45.00	15.75	36.00	1,606.50
采购部	采购主管	王峰	12,200.00	1,952.00	854.00	67.10	61.00	42.70	97.60	3,074.40	976.00	244.00	61.00	1281.00	2,928.00	1,165.10	122.00	42.70	97.60	4,355.40
	采购员	杨涛	6,700.00	1,072.00	469.00	36.85	33.50	23.45	53.60	1,688.40	536.00	134.00	33.50	703.50	1,608.00	639.85	67.00	23.45	53.60	2,391.90
小计			31,400.00	672.00	2,198.00	172.70	157.00	109.90	251.20	7,912.80	2,512.00	628.00	157.00	3,297.00	7,536.00	2,998.70	314.00	109.90	251.20	11,209.80
柴油发动机车间	车间主任	李玉松	16,700.00	2,672.00	1,169.00	91.85	83.50	58.45	133.60	4,208.40	1,336.00	334.00	83.50	1,753.50	4,008.00	1,594.85	167.00	58.45	133.60	5,961.90
	工人	马阳	6,300.00	1,008.00	441.00	34.65	31.50	22.05	50.40	1,587.60	504.00	126.00	31.50	661.50	1,512.00	601.65	63.00	22.05	50.40	2,249.10
	工人	张林	6,000.00	960.00	420.00	33.00	30.00	21.00	48.00	1,512.00	480.00	120.00	30.00	630.00	1,440.00	573.00	60.00	21.00	48.00	2,142.00
	工人	孟兰	5,800.00	928.00	406.00	31.90	29.00	20.30	46.40	1,461.60	464.00	116.00	29.00	609.00	1,392.00	553.90	58.00	20.30	46.40	2,070.60
小计			34,800.00	5,568.00	2,346.00	191.40	174.00	121.80	278.40	8,769.60	2,784.00	696.00	174.00	3,654.00	8,352.00	3,323.40	348.00	121.80	278.40	12,423.60
汽油发动机车间	车间主任	徐俊伟	16,700.00	2,672.00	1,169.00	91.85	83.50	58.45	133.60	4,208.40	1,336.00	334.00	83.50	1,753.50	4,008.00	1,594.85	167.00	58.45	133.60	5,961.90
	工人	蔡云烨	6,400.00	1,024.00	448.00	35.20	32.00	22.40	51.20	1,612.80	512.00	128.00	32.00	672.00	1,536.00	611.20	64.00	22.40	51.20	2,284.80
	工人	高一雯	6,000.00	960.00	420.00	33.00	30.00	21.00	48.00	1,512.00	480.00	120.00	30.00	630.00	1,440.00	573.00	60.00	21.00	48.00	2,142.00
	工人	陆飞	5,500.00	880.00	385.00	30.25	27.50	19.25	44.00	1,386.00	440.00	110.00	27.50	577.50	1,320.00	525.25	55.00	19.25	44.00	1,963.50
小计			34,600.00	5,536.00	2,422.00	190.30	173.00	121.10	555.20	8,719.20	2,768.00	692.00	173.00	3,633.00	8,304.00	3,304.30	346.00	121.10	276.80	12,352.20
合计			186,800.00	29,888.00	13,076.00	1,027.40	934.00	653.80	1,494.40	47,073.60	14,944.00	3,736.00	934.00	19,614.00	44,832.00	17,839.40	1,868.00	653.80	1,494.40	66,687.60

会计主管：王晓琳　　复核：王晓琳　　制单：朱红

教学专用 2-7-2

京州市社会保险费征缴通知单

No 29935358

参保单位编号：360123　申报年月：202011　缴费年月：202012　单位：元

参保单位名称：京州市新大风发动机制造厂				缴拨方式：	
应申报缴费工资	186,800.00	缴费基数	186,800.00	缴费人数	22
缴费项目	单位缴纳	个人缴纳	缴费项目	单位缴纳	个人缴纳
基本养老保险费	29,888.00	14,944.00	失业保险费	934.00	934.00
基本医疗保险费	13,076.00	3,736.00	工伤保险费	653.80	——
补充医疗保险费	1,027.40	——	生育保险费	1,494.40	——
公务员医疗补助费		——			
征缴额	⊗陆万陆仟陆佰捌拾柒元陆角				￥66,687.60

第一联：代缴费申报单

经办人(章)：杜谷声　打印时间：2020-12-10　京州市社会保险基金管理中心

教学专用 2-7-3

付款申请单

申请部门：行政部　2020年12月10日填

收款单位	京州市社会保险基金管理中心	付款原因
银行账号		社保缴纳
开户行		
付款方式		
付款截止日	扣款	
人民币（大写）	⊗佰⊗拾陆万陆仟陆佰捌拾柒元陆角零分	￥66,687.60

领导审批 郑快进　财务主管 王晓琳　部门主管 朱波　经办人 陈文

教学专用 2-7-4

中国银行 BANK OF CHINA

国内支付业务付款回单

客户号：150347939　　日期：2020年12月10日

付款人账号：458558198758　　收款人账号：

付款人名称：京州市新大风发动机制造厂　　收款人名称：国家金库京州市中心支库

付款人开户行：中国银行京州浦口支行　　收款人开户行：

金额：CNY66,687.60

人民币陆万陆仟陆佰捌拾柒元陆角

业务种类：实时缴税　　业务编号：19418944　　凭证字号：2020031013801564

纳税人识别号：91320200672220538D　　缴款书交易流水号：29935358　　税票号码：420200210000387900

纳税人全称：京州市新大风发动机制造厂

征收机关名称：国家税务总局京州市第一税务分局

收款国库（银行）名称：国家金库京州市中心支库

税（费）种名称	所属日期	实缴金额
基本职工养老保险费	2020/11/01-2020/11/30	CNY44,832.00
基本医疗保险费	2020/11/01-2020/11/30	CNY16,812.00
补充医疗保险费	2020/11/01-2020/11/30	CNY1,027.40
失业保险费	2020/11/01-2020/11/30	CNY1,868.00
工伤保险费	2020/11/01-2020/11/30	CNY653.80
生育保险费	2020/11/01-2020/11/30	CNY1,494.40

如您已通过银行网点取得相应纸质回单，请注意核对，勿重复记账！

（印章：中国银行股份有限公司 电子回单专用章）

交易机构：07195　　交易渠道：其他　　交易流水号：158305424-570　　经办：

回单编号：2020121017932546　　回单验证码：242K3LUILX6K4　　打印时间：　　打印次数：　次

教学专用 2-8-1-1

3200204580

汉东增值税专用发票

抵扣联

№ 04607527　3200204580 04607527

开票日期：2020年12月13日

购买方	名称：京州市新大风发动机制造厂 纳税人识别号：91320200672220538D 地址、电话：京州市浦口大道88号 086-82244660 开户行及账号：中国银行京州浦口支行 458558198758	密码区	94<>+0>>>>6<531806/82349292 8/*804195-4+<169*5-0<068*</ -2*86**3<<7>/320/21<0</*23* 905666624<1-+-4+**561644>5-

货物或应税劳务、服务名称	规格型号	单位	数量	单价	金额	税率	税额
*发动机*缸体	CA7102	件	180	667.256 6	120 106.19	13%	15 613.81
合计					¥120 106.19		¥15 613.81
价税合计（大写）	⊗壹拾叁万伍仟柒佰贰拾圆整				（小写）¥135 720.00		

销售方	名称：汉东大陆工程机械有限公司 纳税人识别号：91320203177105386L 地址、电话：京州市珠江路58号 086-52217336 开户行及账号：工商银行京州珠江路支行 1103020817200194221	备注	

（印章：汉东大陆工程机械有限公司 91320203177105386L 发票专用章）

收款人：张炎　　复核：王佳　　开票人：高勤　　销售方：（章）

税总函[2019]361号汉东造币有限公司

第二联：抵扣联 购买方扣税凭证

教学专用 2-8-1-2

3200204580

汉东增值税专用发票

发票联

№ 04607527 3200204580
04607527

开票日期：2020年12月13日

购买方	名称：京州市新大风发动机制造厂 纳税人识别号：91320200672220538D 地址、电话：京州市浦口大道88号 086-82244660 开户行及账号：中国银行京州浦口支行 458558198758				密码区	94<>+0>>>>6<531806/82349292 8/*804195-4+<169*5-0<068*</ -2*86**3<<7>/320/21<0</*23* 905666624<1-+-4+**561644>5-		
货物或应税劳务、服务名称		规格型号	单位	数量	单价	金额	税率	税额
*发动机*缸体		CA7102	件	180	667.256 6	120 106.19	13%	15 613.81
合计						¥120 106.19		¥15 613.81
价税合计（大写）		⊗壹拾叁万伍仟柒佰贰拾圆整				（小写）¥135 720.00		
销售方	名称：汉东大陆工程机械有限公司 纳税人识别号：91320203177105386L 地址、电话：京州市珠江路58号 086-52217336 开户行及账号：工商银行京州珠江路支行 1103020817200194221				备注	（印章：汉东大陆工程机械有限公司 91320203177105386L 发票专用章）		

收款人：张炎　　复核：王佳　　开票人：高勤　　销售方：（章）

税总函〔2019〕361号汉东造币有限公司

第三联：发票联　购买方记账凭证

教学专用 2-8-2

收料单

№ 0002

材料科目：原材料

供应单位：汉东大陆工程机械有限公司

发票号码：04607527　　2020 年 12 月 13 日　　收料仓库：

材料名称	规格	计量单位	数量		实际成本					
			应收	实收	买价		摊运杂费	其他	合计	单位成本
					单价	金额				
缸体		件	180	180	667.2566	120,106.19	—	—	120,106.19	
合计									120,106.19	

记账：朱红　　收料：李元明　　制单：李元明

②交会计（绿）

教学专用 **2-8-3**

付 款 申 请 单

申请部门：采购部　　　　2020 年 12 月 13 日填

收款单位	汉东大陆工程机械有限公司	付款原因
银行账号	110302081720019422I	材料款
开户行	工商银行京州珠江路支行	
付款方式	转账	
付款截止日		
人民币（大写）	⊗佰壹拾壹万伍仟柒佰贰拾零元零角零分	¥ 115,720.00

领导审批 郑快进　　财务主管 王晓琳　　部门主管 王峰　　经办人 杨涛

教学专用 **2-8-4**

中国银行 BANK OF CHINA

国内支付业务付款回单

客户号：150347939　　　　日期：2020年12月13日

付款人账号：458558198758　　　　收款人账号：1103020817200194221
付款人名称：京州市新大风发动机制造厂　　　　收款人名称：汉东大陆工程机械有限公司

付款人开户行：中国银行京州浦口支行　　　　收款人开户行：工商银行京州珠江路支行

金额：CNY115，720.00
人民币壹拾壹万伍仟柒佰贰拾元整

报文种类：beps.121.001.01-客户发起普通贷记业务报文
业务类型：A100-普通汇兑
业务标识号：20201213445055386
发起行行号：104302046303
发起行名称：中国银行股份有限公司京州浦口支行

收支申报号：
业务编号：BNET 5600006178686634/000000000000
接收行行号：402332509010
接收行名称：工商银行京州珠江路支行

扣账账号：458558198758　　　　扣账户名：京州市新大风发动机制造厂

用途：货款

附言：货款

中国银行股份有限公司 电子回单专用章

如您已通过银行网点取得相应纸质回单，请注意核对，勿重复记账！

交易机构：07195　交易渠道：网上银行　交易流水号：108257730-581　经办：

回单编号：2020121339183197　回单验证码：242K3LFR7R87　打印时间：　打印次数：　次

教学专用 2-9-1-1

3200202160

汉东增值税专用发票

抵扣联

№ 01990969 3200202160
01990969

开票日期：2020年12月15日

购买方	名称：京州市新大风发动机制造厂 纳税人识别号：91320200672220538D 地址、电话：京州市浦口大道88号 086-82244660 开户行及账号：中国银行京州浦口支行 458558198758	密码区	95<>+0>>>>6<531806/82349292 8/*804195-4+<169*5-0<068*</ -2*86**3<<7>/320/21<0</*23* 905666624<1-+-4+*561644>/99

货物或应税劳务、服务名称	规格型号	单位	数量	单价	金额	税率	税额
*鉴证咨询服务*法律顾问费			1	14 150.94	14 150.94	6%	849.06
合计					¥ 14 150.94		¥ 849.06
价税合计（大写）	⊗ 壹万伍仟圆整				（小写） ¥ 15 000.00		

销售方	名称：吕州中山律师事务所 纳税人识别号：91320200782737073K 地址、电话：吕州市滨湖区隐秀路800号12楼 82815090 开户行及账号：建行吕州分行营业部 32001618636052504724	备注	吕州中山律师事务所 91320200782737073K 发票专用章

收款人：刘飞　　复核：刘飞　　开票人：张楠　　销售方：（章）

税总函[2019]361号汉东造币有限公司

第二联：抵扣联 购买方扣税凭证

教学专用 2-9-1-2

3200202160

汉东增值税专用发票

发票联

№ 01990969 3200202160
01990969

开票日期：2020年12月15日

购买方	名称：京州市新大风发动机制造厂 纳税人识别号：91320200672220538D 地址、电话：京州市浦口大道88号 086-82244660 开户行及账号：中国银行京州浦口支行 458558198758	密码区	95<>+0>>>>6<531806/82349292 8/*804195-4+<169*5-0<068*</ -2*86**3<<7>/320/21<0</*23* 905666624<1-+-4+*561644>/99

货物或应税劳务、服务名称	规格型号	单位	数量	单价	金额	税率	税额
*鉴证咨询服务*法律顾问费			1	14 150.94	14 150.94	6%	849.06
合计					¥ 14 150.94		¥ 849.06
价税合计（大写）	⊗ 壹万伍仟圆整				（小写） ¥ 15 000.00		

销售方	名称：吕州中山律师事务所 纳税人识别号：91320200782737073K 地址、电话：吕州市滨湖区隐秀路800号12楼 82815090 开户行及账号：建行吕州分行营业部 32001618636052504724	备注	吕州中山律师事务所 91320200782737073K 发票专用章

收款人：刘飞　　复核：刘飞　　开票人：张楠　　销售方：（章）

税总函[2019]361号汉东造币有限公司

第三联：发票联 购买方记账凭证

教学专用 2-9-2

付款申请单

申请部门：行政部　　2020 年 12 月 15 日填

收款单位	吕州中山律师事务所	付款原因
银行账号	320016186360525O4724	法律顾问费
开户行	建行吕州分行营业部	
付款方式	转账	
付款截止日		
人民币（大写）	⊗佰⊗拾壹万伍仟零佰零拾零元零角零分	¥ 15,000.00

领导审批 郑快进　财务主管 王晓琳　部门主管 朱波　经办人 陈文

教学专用 2-9-3

中国银行 BANK OF CHINA

国内支付业务付款回单

客户号：150347939　　日期：2020年12月15日

付款人账号：458558198758　　收款人账号：320016186360525O4724
付款人名称：京州市新大风发动机制造厂　　收款人名称：吕州中山律师事务所

付款人开户行：中国银行京州浦口支行　　收款人开户行：建行吕州分行营业部

金额：CNY15,000.00
人民币壹万伍仟元整

报文种类：beps.121.001.01-客户发起普通贷记业务报文
业务类型：A100-普通汇兑　　收支申报号：
业务标识号：2020121545055386　　业务编号：BNET 5600006178686634/000000000000
发起行行号：104302046303　　接收行行号：402332509010
发起行名称：中国银行股份有限公司京州浦口支行　　接收行名称：建行吕州分行营业部

扣账账号：458558198758　　扣账户名：京州市新大风发动机制造厂

用途：法律顾问费

附言：法律顾问费

中国银行股份有限公司 电子回单专用章

如您已通过银行网点取得相应纸质回单，请注意核对，勿重复记账！

交易机构：07195　交易渠道：网上银行　交易流水号：108257730-581　经办：
回单编号：2020121539183197　回单验证码：242K3LFR7R87　打印时间：　打印次数：　次

教学专用 **2-10-1-1**

3200203130

汉东增值税专用发票

抵扣联

№ 42475372 3200203130 42475372

开票日期：2020年12月17日

购买方	名称：京州市新大风发动机制造厂 纳税人识别号：91320200672220538D 地址、电话：京州市浦口大道88号 086-82244660 开户行及账号：中国银行京州浦口支行 458558198758	密码区	77190347>>6<531806/82349292 8/*804195-4+<169*5-0<068*</ -2*86**3<<7>/320/21<0</*23* 905666624<1-+-4+*561644>12<

货物或应税劳务、服务名称	规格型号	单位	数量	单价	金额	税率	税额
*物流辅助服务*快递费			1	689.62	689.62	6%	41.38
合计					¥689.62		¥41.38
价税合计（大写）	⊗柒佰叁拾壹圆整				（小写）¥731.00		

销售方	名称：京州市顺丰速运有限公司 纳税人识别号：91320200729006618L 地址、电话：京州市新区长江南路35号 086-85201070 开户行及账号：工行京州高新技术产业开发区支行 1103020819200409526	备注	京州市顺丰速运有限公司 91320200729006618L 发票专用章

收款人：沈璐　复核：沈璐　开票人：梁敏　销售方：（章）

第二联：抵扣联 购买方扣税凭证

税总函[2019]361号汉东造币有限公司

教学专用 **2-10-1-2**

3200203130

汉东增值税专用发票

发票联

№ 42475372 3200203130 42475372

开票日期：2020年12月17日

购买方	名称：京州市新大风发动机制造厂 纳税人识别号：91320200672220538D 地址、电话：京州市浦口大道88号 086-82244660 开户行及账号：中国银行京州浦口支行 458558198758	密码区	77190347>>6<531806/82349292 8/*804195-4+<169*5-0<068*</ -2*86**3<<7>/320/21<0</*23* 905666624<1-+-4+*561644>12<

货物或应税劳务、服务名称	规格型号	单位	数量	单价	金额	税率	税额
*物流辅助服务*快递费			1	689.62	689.62	6%	41.38
合计					¥689.62		¥41.38
价税合计（大写）	⊗柒佰叁拾壹圆整				（小写）¥731.00		

销售方	名称：京州市顺丰速运有限公司 纳税人识别号：91320200729006618L 地址、电话：京州市新区长江南路35号 086-85201070 开户行及账号：工行京州高新技术产业开发区支行 1103020819200409526	备注	京州市顺丰速运有限公司 91320200729006618L 发票专用章

收款人：沈璐　复核：沈璐　开票人：梁敏　销售方：（章）

第三联：发票联 购买方记账凭证

税总函[2019]361号汉东造币有限公司

教学专用 **2-10-2**

费用报销单

报销部门：行政部　　2020 年 12 月 17 日填　　单据及附件共 ____ 张

用途	金额（元）	备注	现金付讫		
快递费	731.00				
		部门审核	朱波	领导审批	郑快进
合计	731.00				
人民币（大写）⊗拾⊗万⊗仟柒佰叁拾壹元零角零分		原借款： 元		退/补： 元	

财务主管 王晓琳　会计 朱红　出纳 张燕　报销人 陈文　领款人 陈文

教学专用 **2-11-1-1**

3100203130　　上海增值税专用发票　　№ 59525240 3100203130 59525240

抵扣联　　开票日期：2020年12月19日

购买方	名称：京州市新大风发动机制造厂 纳税人识别号：91320200672220538D 地址、电话：京州市浦口大道88号 086-82244660 开户行及账号：中国银行京州浦口支行 458558198758				密码区	2+52900>>6<531806/82349292 8/*804195-4+<169*5-0<068*</ -2*86**3<<7>/320/21<0</*23* 905666624<1-+-4+*561644>1642	
货物或应税劳务、服务名称	规格型号	单位	数量	单价	金额	税率	税额
*信息技术服务*百度推广费		项	1	141 509.43	141 509.43	6%	8 490.57
合计					¥ 141 509.43		¥ 8 490.57
价税合计（大写）	⊗壹拾伍万圆整				（小写）¥ 150 000.00		
销售方	名称：百度在线网络技术（北京）有限公司上海软件技术分公司 纳税人识别号：91310114772120643B 地址、电话：上海嘉定区汇荣路500号 021-39005678 开户行及账号：招商银行上海分行曹家渡支行 215081392810001				备注	百度在线网络技术（北京）有限公司上海软件技术分公司 91310114772120643B 发票专用章	

收款人：许晴　复核：许晴　开票人：梁天　销售方：（章）

税总函[2019]361号汉东造币有限公司

第二联：抵扣联　购买方扣税凭证

教学专用 2-11-1-2

3100203130

上海增值税专用发票

发票联

№ 59525240 3100203130 59525240

开票日期：2020年12月19日

购买方	名称：京州市新大风发动机制造厂 纳税人识别号：91320200672220538D 地址、电话：京州市浦口大道88号 086-82244660 开户行及账号：中国银行京州浦口支行 458558198758	密码区	2+52900>>6<531806/82349292 8/*804195-4+<169*5-0<068*</ -2*86**3<<7>/320/21<0</*23* 905666624<1-+-4+*561644>1642

货物或应税劳务、服务名称	规格型号	单位	数量	单价	金额	税率	税额
*信息技术服务*百度推广费		项	1	141 509.43	141 509.43	6%	8 490.57
合计					¥ 141 509.43		¥ 8 490.57
价税合计（大写）	⊗壹拾伍万圆整				（小写）¥ 150 000.00		

销售方	名称：百度在线网络技术（北京）有限公司上海软件技术分公司 纳税人识别号：91310114772120643B 地址、电话：上海嘉定区汇荣路500号 021-39005678 开户行及账号：招商银行上海分行曹家渡支行 215081392810001	备注	

收款人：许晴　　复核：许晴　　开票人：梁天　　销售方：（章）

第三联：发票联　购买方记账凭证

税总函[2019]361号汉东造币有限公司

教学专用 2-11-2

付款申请单

申请部门：销售部　　2020年 12月 19日填

收款单位	百度在线网络技术（北京）有限公司上海软件技术分公司	付款原因
银行账号	215081392810001	推广费
开户行	招商银行上海分行曹家渡支行	
付款方式	转账	
付款截止日		
人民币（大写）	⊗佰壹拾伍万零仟零佰零拾零元零角零分	¥ 150,000.00

领导审批 郑快进　　财务主管 王晓琳　　部门主管 王倩　　经办人 李林

教学专用 **2-11-3**

中国银行 BANK OF CHINA

国内支付业务付款回单

客户号：150347939　　　　日期：2020年12月19日

付款人账号：458558198758　　　　收款人账号：215081392810001

付款人名称：京州市新大风发动机制造厂　　　　收款人名称：百度在线网络技术（北京）有限公司上海软件技术分公司

付款人开户行：中国银行京州浦口支行　　　　收款人开户行：招商银行上海分行曹家渡支行

金额：CNY150,000.00
人民币壹拾伍万元整

报文种类：beps.121.001.01-客户发起普通贷记业务报文
业务类型：A100-普通汇兑
业务标识号：20201219445055386
发起行行号：104302046303
发起行名称：中国银行股份有限公司京州浦口支行

收支申报号：
业务编号：BNET 5600006178686634/000000000000
接收行行号：402332509010
接收行名称：招商银行上海分行曹家渡支行

扣账账号：458558198758　　　　扣账户名：京州市新大风发动机制造厂

用途：推广费

附言：推广费

中国银行股份有限公司 电子回单专用章

如您已通过银行网点取得相应纸质回单，请注意核对，勿重复记账！

交易机构：07195　交易渠道：网上银行　交易流水号：108257730-581　经办：

回单编号：2020121939183197　回单验证码：242K3LFR7R87　打印时间：　打印次数：　次

教学专用 **2-12-1**

京州市住房公积金汇（补）缴书

单位名称	京州市新大风发动机制造厂			汇缴年月 202012	
单位代码	164438			汇缴人数 22	
汇缴金额	人民币 贰万玖仟捌佰捌拾捌元整				
小写金额	¥ 29,888.00				
附报资料	项目	人数	金额	单位	职工
	上月汇缴	22	29,888.00	14,944.00	14,944.00
	本月增加				
	本月减少				
	基数调整				
	本月汇缴	22	29,888.00	14,944.00	14,944.00

京州市住房公积金管理中心制

教学专用 2-12-2

付款申请单

申请部门：行政部　　　　2020 年 12 月 20 日填

收款单位	京州市住房公积金管理中心	付款原因
银行账号	635001040011372	公积金
开户行	中国农业银行京州新区支行	
付款方式	银行转账	
付款截止日		
人民币（大写）	⊗佰⊗拾贰万玖仟捌佰捌拾捌元零角零分	¥ 29,888.00

领导审批 郑快进　财务主管 王晓琳　部门主管 朱波　经办人 陈文

教学专用 2-12-3

中国银行 BANK OF CHINA

国内支付业务付款回单

客户号：150347939　　　　日期：2020年12月20日

付款人账号：458558198758　　　　收款人账号：635001040011372

付款人名称：京州市新大风发动机制造厂　　　　收款人名称：京州市住房公积金管理中心

付款人开户行：中国银行京州浦口支行　　　　收款人开户行：中国农业银行京州新区支行

金额：CNY29,888.00

人民币贰万玖仟捌佰捌拾捌元整

报文种类：beps.121.001.01-客户发起普通贷记业务报文

业务类型：A100-普通汇兑

业务标识号：2020122045055386

发起行行号：104302046303

发起行名称：中国银行股份有限公司京州浦口支行

扣账账号：458558198758

收支申报号：

业务编号：BNET 5600006178686634/000000000000

接收行行号：402332509010

接收行名称：中国农业银行京州新区支行

扣账户名：京州市新大风发动机制造厂

用途：公积金

附言：公积金

如您已通过银行网点取得相应纸质回单，请注意核对，勿重复记账！

中国银行股份有限公司 电子回单专用章

交易机构：07195　交易渠道：网上银行　交易流水号：108257730-581　经办：

回单编号：2020122039183197　回单验证码：242K3LFR7R87　打印时间：　打印次数：　次

教学专用 **2-13-1**

032002000104

校验码 63366 30696 39935 62106

汉东增值税普通发票

发票联

№ 73982455 032002000104 73982455

开票日期：2020年12月20日

购买方	名称：京州市新大风发动机制造厂 纳税人识别号：91320200672220538D 地址、电话：京州市浦口大道88号 086-82244660 开户行及账号：中国银行京州浦口支行 458558198758				密码区	94<>+0>>>>6<531806/82349292 8/*804195-4+<169*5-0<068*</ -2*86**3<<7>/320/21<0</*23* 905666624<1-+-4+**561644>5-		
货物或应税劳务、服务名称	规格型号	单位	数量	单价		金额	税率	税额
*水冰雪*自来水			1	2 427.18		2 427.18	3%	72.82
合计						￥2 427.18		￥72.82
价税合计（大写）	⊗贰仟伍佰圆整					（小写）￥2 500.00		
销售方	名称：京州市清泉水务有限公司 纳税人识别号：913202001359021671 地址、电话：京州市人民中路35号 086-85213356 开户行及账号：江苏银行京州人民中路支行 32001677335059237836				备注			

收款人：王欣　　复核：王欣　　开票人：张磊　　销售方：（章）

第二联：发票联　购买方记账凭证

税总函〔2019〕361号汉东造币有限公司

教学专用 **2-13-2-1**

3200202130

汉东增值税专用发票

抵扣联

№ 14546790 3200202130 14546790

开票日期：2020年12月20日

购买方	名称：京州市新大风发动机制造厂 纳税人识别号：91320200672220538D 地址、电话：京州市浦口大道88号 086-82244660 开户行及账号：中国银行京州浦口支行 458558198758				密码区	94<>+0>>>>6<531806/82349292 8/*804195-4+<169*5-0<068*</ -2*86**3<<7>/320/21<0</*23* 905666624<1-+-4+**561644>5-		
货物或应税劳务、服务名称	规格型号	单位	数量	单价		金额	税率	税额
*供电*电力			1	19 302.63		19 302.63	13%	2 509.34
合计						￥19 302.63		￥2 509.34
价税合计（大写）	⊗贰万壹仟捌佰壹拾壹圆玖角柒分					（小写）￥21 811.97		
销售方	名称：京州金佳物业管理有限公司 纳税人识别号：91320214662373725A 地址、电话：京州市新区长江路19号 086-85213377 开户行及账号：中国建设银行京州新区支行 32001677335059234567				备注			

收款人：陈菲　　复核：陈菲　　开票人：谭燕　　销售方：（章）

第二联：抵扣联　购买方扣税凭证

税总函〔2019〕520号汉东造币有限公司

教学专用 **2-13-2-2**

3200202130

汉东增值税专用发票

发 票 联

№ 14546790 3200202130 14546790

开票日期：2020年12月20日

购买方	
名　　称：	京州市新大风发动机制造厂
纳税人识别号：	91320200672220538D
地址、电话：	京州市浦口大道88号 086-82244660
开户行及账号：	中国银行京州浦口支行 458558198758

密码区：
94<>+0>>>>6<531806/82349292
8/*804195-4+<169*5-0<068*</
-2*86**3<<7>/320/21<0</*23*
905666624<1-+-4+**561644>5-

货物或应税劳务、服务名称	规格型号	单位	数量	单价	金额	税率	税额
*供电*电力			1	19 302.63	19 302.63	13%	2 509.34
合　　计					¥19 302.63		¥2 509.34
价税合计（大写）	⊗贰万壹仟捌佰壹拾壹圆玖角柒分				（小写）¥21 811.97		

销售方	
名　　称：	京州金佳物业管理有限公司
纳税人识别号：	91320214662373725A
地址、电话：	京州市新区长江路19号 086-85213377
开户行及账号：	中国建设银行京州新区支行 32001677335059234567

备注

收款人：陈菲　　复核：陈菲　　开票人：谭燕　　销售方：（章）

（印章：京州金佳物业管理有限公司 91320214662373725A 发票专用章）

第三联：发票联　购买方记账凭证

税总函[2019]520号汉东造币有限公司

教学专用 **2-13-3**

用水量分配表

水费合计：2 500元　　　　2020年12月

使用部门	用水量（米³）	分配率	分配金额（元）
汽油发动机车间	200		
柴油发动机车间	205		
厂部	100		
合计	505		

教学专用 **2-13-4**

用电量分配表

电费合计：19 302.63元　　　　2020年12月

使用部门	用电量（度）	分配率	分配金额（元）
汽油发动机车间	10 000		
柴油发动机车间	11 000		
厂部	6 575		
合计	27 575		

教学专用 **2-13-5**

费用报销单

报销部门：行政部　　2020年12月20日填　　单据及附件共____张

用途	金额（元）	备注	
水费	2,500.00	现金付讫	
		部门审核：朱波	领导审批：郑快进
合计	2,500.00		
人民币（大写）⊗拾⊗万贰仟伍佰零拾零元零角零分		原借款：／元	退/补：／元

财务主管 王晓琳　会计 朱江　出纳 张燕　报销人 陈文　领款人 陈文

教学专用 2-13-6

付款申请单

申请部门：行政部　　　　2020 年 12 月 20 日填

收款单位	京州金佳物业管理有限公司	付款原因
银行账号	32001677335059234567	电费
开户行	中国建设银行京州新区支行	
付款方式		
付款截止日		
人民币（大写）	⊗佰⊗拾贰万壹仟捌佰壹拾壹元玖角柒分	¥ 21,811.97

领导审批 郑快进　　财务主管 王晓琳　　部门主管 朱强　　经办人 王昌强

教学专用 2-13-7

中国银行
转账支票存根

36637102

7220848

附加信息

出票日期 2020 年 12 月 20 日

收款人：京州金佳物业管理有限公司
金　额：¥21,811.97
用　途：电费

单位主管 王晓琳　会计　朱红

上海证券印刷有限公司·2019印制

教学专用 2-14-1-1

3200204781

汉东增值税专用发票

抵扣联

№ 01901379 3200204781 01901379

开票日期：2020年12月25日

购买方	名　　称：京州市新大风发动机制造厂 纳税人识别号：91320200672220538D 地址、电话：京州市浦口大道88号 086-82244660 开户行及账号：中国银行京州浦口支行 458558198758	密码区	94<>+0>>>>6<531806/82349292 8/*804195-4+<169*5-0<068*</ -2*86**3<<7>/320/21<0</*23* 905666624<1-+-4+**561644>5-

货物或应税劳务、服务名称	规格型号	单位	数量	单价	金额	税率	税额
*发动机*凸轮轴	8V100	件	360	2 061.651 9	742 194.69	13%	96 485.31
*发动机*连杆	QF901	件	285	1156.5782	329 624.78	13%	42 851.22
*发动机*缸体	CA7102	件	170	667.256 64	113 433.63	13%	14 746.37
合　　计					¥1 185 253.10		¥154 082.90
价税合计（大写）	⊗壹佰叁拾叁万玖仟叁佰叁拾陆圆整				（小写）¥1 339 336.00		

销售方	名　　称：汉东大陆工程机械有限公司 纳税人识别号：91320203177105386L 地址、电话：京州市珠江路58号 086-52217336 开户行及账号：工商银行京州珠江路支行 1103020817200194221	备注	

收款人：张炎　　复核：王佳　　开票人：王玉　　销售方：（章）

第二联：抵扣联　购买方扣税凭证

税总函〔2019〕361号汉东造币有限公司

教学专用 2-14-1-2

3200204781

汉东增值税专用发票

发票联

№ 01901379 3200204781 01901379

开票日期：2020年12月25日

购买方	名　　称：京州市新大风发动机制造厂 纳税人识别号：91320200672220538D 地址、电话：京州市浦口大道88号 086-82244660 开户行及账号：中国银行京州浦口支行 458558198758	密码区	94<>+0>>>>6<531806/82349292 8/*804195-4+<169*5-0<068*</ -2*86**3<<7>/320/21<0</*23* 905666624<1-+-4+**561644>5-

货物或应税劳务、服务名称	规格型号	单位	数量	单价	金额	税率	税额
*发动机*凸轮轴	8V100	件	360	2 061.651 9	742 194.69	13%	96 485.31
*发动机*连杆	QF901	件	285	1156.5782	329 624.78	13%	42 851.22
*发动机*缸体	CA7102	件	170	667.256 64	113 433.63	13%	14 746.37
合　　计					¥1 185 253.10		¥154 082.90
价税合计（大写）	⊗壹佰叁拾叁万玖仟叁佰叁拾陆圆整				（小写）¥1 339 336.00		

销售方	名　　称：汉东大陆工程机械有限公司 纳税人识别号：91320203177105386L 地址、电话：京州市珠江路58号 086-52217336 开户行及账号：工商银行京州珠江路支行 1103020817200194221	备注	

收款人：张炎　　复核：王佳　　开票人：王玉　　销售方：（章）

第三联：发票联　购买方记账凭证

税总函〔2019〕361号汉东造币有限公司

教学专用 2-14-2

收料单

№ 0003

材料科目：原材料

供应单位：汉东大陆工程机械有限公司

发票号码：01901379　　2020 年 12 月 25 日　　收料仓库：

材料名称	规格	计量单位	数量		实际成本					
			应收	实收	买价 单价	买价 金额	摊运杂费	其他	合计	单位成本
齿轮轴		件	360	360	2,061.6519	742,194.69	—	—	742,194.69	
连杆		件	285	285	1,156.5782	329,624.78	—	—	329,624.78	
缸体		件	170	170	667.25664	113,433.63	—	—	113,433.63	
合计									1,185,253.10	

②交会计（绿）

记账：朱红　　收料：李元明　　制单：李元明

教学专用 2-14-3

付款申请单

申请部门：采购部　　2020 年 12 月 25 日填

收款单位	汉东大陆工程机械有限公司	付款原因
银行账号	1103020817200194221	材料款
开户行	工商银行京州珠江路支行	
付款方式	转账	
付款截止日		
人民币（大写）	壹佰叁拾叁万玖仟叁佰叁拾陆元零角零分	¥ 1,339,336.00

领导审批 郑快进　　财务主管 王晓琳　　部门主管 王峰　　经办人 杨涛

教学专用 2-14-4

中国银行 BANK OF CHINA

国内支付业务付款回单

客户号：150347939　　日期：2020年12月25日

付款人账号：458558198758　　收款人账号：1103020817200194221

付收款人名称：京州市新大风发动机制造厂　　收款人名称：汉东大陆工程机械有限公司

付款人开户行：中国银行京州浦口支行　　收款人开户行：工商银行京州珠江路支行

金额：CNY1，339，336.00
人民币壹佰叁拾叁万玖仟叁佰叁拾陆元整

报文种类：beps.121.001.01-客户发起普通贷记业务报文
业务类型：A100-普通汇兑　　收支申报号：
业务标识号：2020122545055386　　业务编号：BNET 5600006178686634/000000000000
发起行行号：104302046303　　接收行行号：402332509010
发起行名称：中国银行股份有限公司京州浦口支行　　接收行名称：工商银行京州珠江路支行

扣账账号：458558198758　　扣账户名：京州市新大风发动机制造厂

用途：货款

附言：货款

中国银行股份有限公司 电子回单专用章

如您已通过银行网点取得相应纸质回单，请注意核对，勿重复记账！

交易机构：07195　　交易渠道：网上银行　　交易流水号：108257730-581　　经办：

回单编号：2020122539183197　　回单验证码：242K3LFR7R87　　打印时间：　　打印次数：　次

教学专用 2-15-1

3200202240

汉东增值税普通发票

№ 03332185　3200202240 03332185

此联不作报销、扣税凭证使用　　开票日期：2020年12月27日

购买方	名称：吕州中信汽车制造厂 纳税人识别号：91320202144657899A 地址、电话：吕州市圣湖东路37号 086-65407750 开户行及账号：工商银行吕州鑫日支行 1103010917200165118				密码区	94<>+0>>>>6<531806/82349292 8/*804195-4+<169*5-0<068*</ -2*86**3<<7>/320/21<0</*23* 905666624<1-+-4+**561644>5-		
货物或应税劳务、服务名称	规格型号	单位	数量	单价	金额	税率	税额	
*发动机*柴油发动机	X4105	件	45	22 123.8937	995 575.22	13%	129 424.78	
合计					¥995 575.22		¥129 424.78	
价税合计（大写）	⊗壹佰壹拾贰万伍仟圆整				（小写）¥1 125 000.00			
销售方	名称：京州市新大风发动机制造厂 纳税人识别号：91320200672220538D 地址、电话：京州市浦口区浦口大道88号 086-82244660 开户行及账号：中国银行京州浦口支行 458558198758				备注			

收款人：朱红　　复核：朱红　　开票人：张燕　　销售方：（章）

京州市新大风发动机制造厂 91320200672220538D 发票专用章

第一联：记账联 销售方记账凭证

税总函[2019]361号汉东造币有限公司

教学专用 2-16-1-1

3200204355

汉东增值税专用发票

抵扣联

№ 02799496 3200204355 02799496

开票日期：2020年12月27日

购买方	名　　称：京州市新大风发动机制造厂 纳税人识别号：91320200672220538D 地址、电话：京州市浦口大道88号 086-82244660 开户行及账号：中国银行京州浦口支行 458558198758				密码区	94<>+0>>>>6<531806/82349292 8/*804195-4+<169*5-0<068*</ -2*86**3<<7>/320/21<0</*23* 905666624<1-+-4+**561644>5-		
货物或应税劳务、服务名称	规格型号	单位	数量	单价	金额	税率	税额	
*劳务*维修费			1	20 000.00	20 000.00	13%	2 600.00	
合　计					¥ 20 000.00		¥ 2 600.00	
价税合计（大写）	⊗ 贰万贰仟陆佰圆整				（小写）¥ 22 600.00			
销售方	名　　称：京州精邦修理有限公司 纳税人识别号：91320203144539222B 地址、电话：汉东省京州市招商城56号 086-85721356 开户行及账号：汉东银行京州南站支行 27610188000074456				备注	京州精邦修理有限公司 91320203144539222B 发票专用章		

收款人：唐丹　　复核：唐丹　　开票人：李丽　　销售方：（章）

第二联：抵扣联　购买方扣税凭证

税总函〔2019〕361号汉东造币有限公司

教学专用 2-16-1-2

3200204355

汉东增值税专用发票

发票联

№ 02799496 3200204355 02799496

开票日期：2020年12月27日

购买方	名　　称：京州市新大风发动机制造厂 纳税人识别号：91320200672220538D 地址、电话：京州市浦口大道88号 086-82244660 开户行及账号：中国银行京州浦口支行 458558198758				密码区	94<>+0>>>>6<531806/82349292 8/*804195-4+<169*5-0<068*</ -2*86**3<<7>/320/21<0</*23* 905666624<1-+-4+**561644>5-		
货物或应税劳务、服务名称	规格型号	单位	数量	单价	金额	税率	税额	
*劳务*维修费			1	20 000.00	20 000.00	13%	2 600.00	
合　计					¥ 20 000.00		¥ 2 600.00	
价税合计（大写）	⊗ 贰万贰仟陆佰圆整				（小写）¥ 22 600.00			
销售方	名　　称：京州精邦修理有限公司 纳税人识别号：91320203144539222B 地址、电话：汉东省京州市招商城56号 086-85721356 开户行及账号：汉东银行京州南站支行 27610188000074456				备注	京州精邦修理有限公司 91320203144539222B 发票专用章		

收款人：唐丹　　复核：唐丹　　开票人：李丽　　销售方：（章）

第三联：发票联　购买方记账凭证

税总函〔2019〕361号汉东造币有限公司

教学专用 2-16-2

付款申请单

申请部门：行政部　　　　2020 年 12 月 27 日 填

收款单位	京州精邦修理有限公司	付款原因
银行账号	27610188000074456	维修费
开户行	汉东银行京州南站支行	
付款方式	转账	
付款截止日		
人民币（大写）	⊗佰⊗拾贰万贰仟陆佰零拾零元零角零分	¥ 22,600.00

领导审批 郑快进　　财务主管 王晓林　　部门主管 朱渡　　经办人 王昌强

教学专用 2-16-3

中国银行 BANK OF CHINA

国内支付业务付款回单

客户号：150347939　　日期：2020年12月27日

付款人账号：458558198758　　收款人账号：27610188000074456

付收款人名称：京州市新大风发动机制造厂　　收款人名称：京州精邦修理有限公司

付款人开户行：中国银行京州浦口支行　　收款人开户行：汉东银行京州南站支行

金额：CNY22,600.00
人民币贰万贰仟陆佰元整

报文种类：beps.121.001.01-客户发起普通贷记业务报文
业务类型：A100-普通汇兑
业务标识号：2020122745055386
发起行行号：104302046303
发起行名称：中国银行股份有限公司京州浦口支行

收支申报号：
业务编号：BNET 5600006178686634/000000000000
接收行行号：402332509010
接收行名称：汉东银行京州南站支行

扣账账号：458558198758　　扣账户名：京州市新大风发动机制造厂

用途：维修费

附言：维修费

如您已通过银行网点取得相应纸质回单，请注意核对，勿重复记账！

中国银行股份有限公司 电子回单专用章

交易机构：07195　交易渠道：网上银行　交易流水号：108257730-581　经办：

回单编号：2020122739183197　回单验证码：242K3LFR7R87　打印时间：　打印次数：　次

教学专用 2-17-1

3200202240

汉东增值税专用发票

№ 03332186 3200202240 03332188

此联不作报销、扣税凭证使用　　开票日期：2020年12月28日

购买方	名称：吕州浦发汽车制造厂 纳税人识别号：91310230681143365K 地址、电话：吕州滨湖区桂平路81号11栋608室 086-64850196 开户行及账号：工商银行滨湖区支行 1001716401007643985	密码区	94<>+0>>>>6<531806/82349292 8/*804195-4+<169*5-0<068*</ -2*86**3<<7>/320/21<0</*23* 905666624<1-+-4+**561644>5-

货物或应税劳务、服务名称	规格型号	单位	数量	单价	金额	税率	税额
*发动机*凸轮轴	8V100	件	88	2 566.3717	225 840.71	13%	29 359.29
合　　计					¥ 225 840.71		¥ 29 359.29
价税合计（大写）	⊗贰拾伍万伍仟贰佰圆整				（小写）¥ 255 200.00		

销售方	名称：京州市新大风发动机制造厂 纳税人识别号：91320200672220538D 地址、电话：京州市浦口区浦口大道88号 086-82244660 开户行及账号：中国银行京州浦口支行 458558198758	备注	（京州市新大风发动机制造厂 91320200672220538D 发票专用章）

收款人：朱红　　复核：朱红　　开票人：张燕　　销售方：（章）

第一联：记账联　销售方记账凭证

税总函[2019]361号汉东造币有限公司

教学专用 2-18-1

中国银行 BANK OF CHINA

利息收入回单

客户号：150347939　　日期：2020年12月28日

收款人账号：458558198758

收款人名称：京州市新大风发动机制造厂

收款人开户行：中国银行京州浦口支行

金额：CNY258.79

人民币贰佰伍拾捌元柒角玖分

存款种类：单位人民币活期基本账户存款　　存款账号：458558198758

存款本金：　　起止日期：　　利率：

自助打印，请避免重复

交易机构：00557　　交易渠道：其他　　交易流水号：490225817-099　　经办：

如您已通过银行网点取得相应纸质回单，请注意核对，勿重复记账！

（中国银行股份有限公司 电子回单专用章）

交易机构：07195　　交易渠道：网上银行　　交易流水号：108257730-581　　经办：

回单编号：2020122839183197　　回单验证码：242K3LFR7R87　　打印时间：　　打印次数：　　次

教学专用 **2-19-1**

公益性捐赠单位统一收据

UNIFIED INVOICE OF DONATION FOR PUBLIC WELFARE ORGANIZATION

（印章：财政票据监制章 中央 财政部监制）2020年 12月29日

国财 00201　　　　(04)NO.0033524

第二联 Second Donor 捐赠者

捐赠者 Donor	京州市新大风发动机制造厂
捐赠项目 For Purpose	中国少年儿童基金会（建校）
捐赠金额（实物价值） Total Accout　大写 in Words	零 佰 贰 拾 零 万 零 仟 零 佰 零 拾 零 元 零 角 零 分
小写 in Figures	200,000.00
货币（实物）种类 Currency (Material Objects)	
备注 Notes:	

佰	拾	万	仟	佰	拾	元	角	分
¥	2	0	0	0	0	0	0	0

接收单位（签章） Receiver's Seal（印章：中国少年儿童基金会 结算财务专用章）　审核 Verified　经手人 Handing Person　支票号 Cheque NO

感谢您对公益事业的支持！ Thank you for your generous donation!

教学专用 **2-19-2**

付款申请单

申请部门：财务部　　　　2020 年 12 月 29 日 填

收款单位	中国少年儿童基金会	付款原因
银行账号		捐赠
开户行		
付款方式	转账支票	
付款截止日		
人民币（大写）	⊗ 佰贰拾零万零仟零佰零拾零元零角零分	¥ 200,000.00

领导审批 郑快进　财务主管 王晓琳　部门主管 王晓琳　经办人 张燕

教学专用 2-19-3

中国银行
转账支票存根
36637102
7220849

附加信息

出票日期 2020 年 12 月 29 日

收款人：中国少年儿童基金会
金　额：￥200,000.00
用　途：捐赠

单位主管 王晓琳 会计 朱红

上海证券印刷有限公司·2019印制

教学专用 2-20-1-1

3200204180

汉东增值税专用发票

抵扣联

№ 07492336 3200204180 07492336

开票日期： 2020年12月30日

购买方	名称：京州市新大风发动机制造厂 纳税人识别号：91320200672220538D 地址、电话：京州市浦口大道88号 086-82244660 开户行及账号：中国银行京州浦口支行 458558198758	密码区	94<>+0>>>>6<531806/82349292 8/*804195-4+<169*5-0<068*</ -2*86**3<<7>/320/21<0</*23* 905666624<1-+-4+**561644>5-

货物或应税劳务、服务名称	规格型号	单位	数量	单价	金额	税率	税额
*运输服务*交通运输服务		批	1	34 623.85	34 623.85	9%	3 116.15
合　计					￥34 623.85		￥3 116.15
价税合计（大写）	⊗叁万柒仟柒佰肆拾圆整				（小写）￥37 740.00		

销售方	名称：京州飞驰运输有限公司 纳税人识别号：91320200543267488A 地址、电话：汉东省京州市长江路77号长江大厦17楼1701室 086-85214736 开户行及账号：中信银行京州新区支行 7352310182400006632	备注	起运地-到达地：京州-京州 车种：挂车 车号：汉B·8E3?24

收款人：陆川　复核：陆川　开票人：吴珊　销售方：（章）

第二联：抵扣联 购买方扣税凭证

税总函［2019］361号汉东造币有限公司

教学专用 **2-20-1-2**

3200204180

汉东增值税专用发票

发票联

№ 07492336　3200204180　07492336

开票日期：2020年12月30日

购买方	名称：京州市新大风发动机制造厂 纳税人识别号：91320200672220538D 地址、电话：京州市浦口大道88号 086-82244660 开户行及账号：中国银行京州浦口支行 458558198758	密码区	94<>+0>>>>6<531806/82349292 8/*804195-4+<169*5-0<068*</ -2*86**3<<7>/320/21<0</*23* 905666624<1-+-4+**561644>5-

货物或应税劳务、服务名称	规格型号	单位	数量	单价	金额	税率	税额
*运输服务*交通运输服务		批	1	34 623.85	34 623.85	9%	3 116.15
合计					¥ 34 623.85		¥ 3 116.15
价税合计（大写）	⊗叁万柒仟柒佰肆拾圆整				（小写）¥ 37 740.00		

销售方	名称：京州飞驰运输有限公司 纳税人识别号：91320200543267488A 地址、电话：汉东省京州市长江路77号长江大厦17楼1701室 086-85214736 开户行及账号：中信银行京州新区支行 7352310182400006632	备注	起运地-到达地：京州-京州 车种：挂车 车号：汉B 8F372车

收款人：陆川　　复核：陆川　　开票人：吴珊　　销售方：（章）

第三联：发票联　购买方记账凭证

税总函[2019]361号汉东造币有限公司

教学专用 **2-20-2**

付款申请单

申请部门：销售部　　2020 年 12 月 30 日填

收款单位	京州飞驰运输有限公司	付款原因
银行账号	7352310182400006632	运输费
开户行	中信银行京州新区支行	
付款方式	转账	
付款截止日		
人民币（大写）	⊗佰⊗拾叁万柒仟柒佰肆拾零元零角零分	¥ 37,740.00

领导审批 郑快进　　财务主管 王晓琳　　部门主管 王倩　　经办人 李林

教学专用 2-20-3

中国银行 BANK OF CHINA

国内支付业务付款回单

客户号：150347939　　　　日期：2020年12月30日

付款人账号：458558198758　　　　收款人账号：7352310182400006632

付收款人名称：京州市新大风发动机制造厂　　　　收款人名称：京州飞驰运输有限公司

付款人开户行：中国银行京州浦口支行　　　　收款人开户行：中信银行京州新区支行

金额：CNY37，740.00

人民币叁万柒仟柒佰肆拾元整

报文种类：beps.121.001.01-客户发起普通贷记业务报文

业务类型：A100-普通汇兑　　　　收支申报号：

业务标识号：2020123045055386　　　　业务编号：BNET 5600006178686634/000000000000

发起行行号：104302046303　　　　接收行行号：402332509010

发起行名称：中国银行股份有限公司京州浦口支行　　　　接收行名称：中信银行京州新区支行

扣账账号：458558198758　　　　扣账户名：京州市新大风发动机制造厂

用途：运输费

附言：运输费

中国银行股份有限公司 电子回单专用章

如您已通过银行网点取得相应纸质回单，请注意核对，勿重复记账！

交易机构：07195　交易渠道：网上银行　交易流水号：108257730-581　经办：

回单编号：2020123039183197　回单验证码：242K3LFR7R87　打印时间：　打印次数：　次

教学专用 2-21-1

中国银行 BANK OF CHINA

客户借记回单

客户号：150347939　　　　日期：2020年12月30日

付款人账号：458558198758　　　　收款人账号：

付款人名称：京州市新大风发动机制造厂　　　　收款人名称：

付款人开户行：中国银行京州浦口支行　　　　收款人开户行：

金额：CNY65.00

人民币陆拾伍元整

业务种类：转账支出　　业务编号：　　凭证号码：

用途：

备注：企业网银手续费

附言：

中国银行股份有限公司 电子回单专用章

如您已通过银行网点取得相应纸质回单，请注意核对，勿重复记账！

交易机构：07195　交易渠道：其他　交易流水号：175174762-549　经办：

回单编号：202012304583426　回单验证码：242K3M3QL9FC　打印时间：　打印次数：　次

教学专用 2-22-1-1

3100201140

上海增值税专用发票

抵扣联

№ 04852588 3100201140 04852588

开票日期：2020年12月30日

购买方	名称：京州市新大风发动机制造厂 纳税人识别号：91320200672220538D 地址、电话：京州市浦口大道88号 086-82244660 开户行及账号：中国银行京州浦口支行 458558198758	密码区	94<>+0>>>>6<531806/82349292 8/*804195-4+<169*5-0<068*</ -2*86**3<<7>/320/21<0</*23* 905666624<1-+-4+**561644>5-

货物或应税劳务、服务名称	规格型号	单位	数量	单价	金额	税率	税额
*会展服务*会议展览服务		次	1	82 075.471 698	82 075.47	6%	4 924.53
合计					¥82 075.47		¥4 924.53
价税合计（大写）	⊗捌万柒仟圆整				（小写）¥87 000.00		

销售方	名称：上海博华国际展览有限公司 纳税人识别号：91310115617392004L 地址、电话：张江高科技园区龙东大道3000号1幢A楼608室 021-64371179 开户行及账号：招商银行淮海支行 212080353510001	备注	

收款人：夏天　　复核：夏天　　开票人：王华珍　　销售方：（章）

第二联：抵扣联 购买方扣税凭证

税总函〔2019〕361号汉东造币有限公司

教学专用 2-22-1-2

3100201140

上海增值税专用发票

发票联

№ 04852588 3100201140 04852588

开票日期：2020年12月30日

购买方	名称：京州市新大风发动机制造厂 纳税人识别号：91320200672220538D 地址、电话：京州市浦口大道88号 086-82244660 开户行及账号：中国银行京州浦口支行 458558198758	密码区	94<>+0>>>>6<531806/82349292 8/*804195-4+<169*5-0<068*</ -2*86**3<<7>/320/21<0</*23* 905666624<1-+-4+**561644>5-

货物或应税劳务、服务名称	规格型号	单位	数量	单价	金额	税率	税额
*会展服务*会议展览服务		次	1	82 075.471 698	82 075.47	6%	4 924.53
合计					¥82 075.47		¥4 924.53
价税合计（大写）	⊗捌万柒仟圆整				（小写）¥87 000.00		

销售方	名称：上海博华国际展览有限公司 纳税人识别号：91310115617392004L 地址、电话：张江高科技园区龙东大道3000号1幢A楼608室 021-64371179 开户行及账号：招商银行淮海支行 212080353510001	备注	

收款人：夏天　　复核：夏天　　开票人：王华珍　　销售方：（章）

第三联：发票联 购买方记账凭证

税总函〔2019〕361号汉东造币有限公司

教学专用 2-22-2

付款申请单

申请部门：销售部　　　　2020 年 12 月 30 日填

收款单位	上海博华国际展览有限公司	付款原因
银行账号	212080353510001	展会费
开户行	招商银行淮海支行	
付款方式	转账	
付款截止日		
人民币（大写）	⊗佰⊗拾捌万柒仟零佰零拾零元零角零分	¥ 87,000.00

领导审批 郑快进　财务主管 王晓琳　部门主管 王倩　经办人 李林

教学专用 2-22-3

中国银行 BANK OF CHINA

国内支付业务付款回单

客户号：150347939　　日期：2020年12月30日

付款人账号：458558198758　　收款人账号：212080353510001

付收款人名称：京州市新大风发动机制造厂　　收款人名称：上海博华国际展览有限公司

付款人开户行：中国银行京州浦口支行　　收款人开户行：招商银行淮海支行

金额：CNY87,000.00

人民币捌万柒仟元整

报文种类：beps.121.001.01-客户发起普通贷记业务报文　　收支申报号：

业务类型：A100-普通汇兑　　业务编号：BNET 5600006178686634/000000000000

业务标识号：2020123045055386　　接收行行号：402332509010

发起行行号：104302046303　　接收行名称：招商银行淮海支行

发起行名称：中国银行股份有限公司京州浦口支行

扣账账号：458558198758　　扣账户名：京州市新大风发动机制造厂

用途：展会费

附言：展会费

如您已通过银行网点取得相应纸质回单，请注意核对，勿重复记账！

中国银行股份有限公司 电子回单专用章

交易机构：07195　交易渠道：网上银行　交易流水号：108257730-581　经办：

回单编号：2020123039183197　回单验证码：242K3LFR7R87　打印时间：　打印次数：　次

教学专用 2-23-1

租金分配表

2020年12月

使用部门	分配比例	分配金额（元）
汽油发动机车间	40%	
柴油发动机车间	30%	
厂部	30%	
合计	100%	

教学专用 2-23-2-1

3200203130

汉东增值税专用发票

抵扣联

№ 42507630 3200193130 42507630

开票日期：2020年12月30日

购买方	名　　称：京州市新大风发动机制造厂 纳税人识别号：91320200672220538D 地址、电话：京州市浦口大道88号 086-82244660 开户行及账号：中国银行京州浦口支行 458558198758	密码区	03<>+0>>>>6<531806/82349292 8/*804195-4+<169*5-0<068*</ -2*86**3<<7>/320/21<0</*23* 905666624<1-+-4+**56164-753

货物或应税劳务、服务名称	规格型号	单位	数量	单价	金额	税率	税额
*经营租赁*房租			1	26 009.17	26 009.17	9%	2 340.83
合　　计					¥ 26 009.17		¥ 2 340.83
价税合计（大写）	⊗ 贰万捌仟叁佰伍拾圆整				（小写）¥ 28 350.00		

销售方	名　　称：京州金佳物业管理有限公司 纳税人识别号：91320214662373725A 地址、电话：京州新区长江路19号 086-85213377 开户行及账号：中国建设银行京州新区支行 32001677335059234567	备注	京州金佳物业管理有限公司 91320214662373725A 发票专用章

收款人：陈菲　　复核：陈菲　　开票人：谭燕　　销售方：（章）

税总函[2019]361号汉东造币有限公司

第二联：抵扣联 购买方扣税凭证

教学专用 2-23-2-2

3200203130

汉东增值税专用发票

发票联

№ 42507630 3200193130 42507630

开票日期：2020年12月30日

购买方	名称：京州市新大风发动机制造厂 纳税人识别号：91320200672220538D 地址、电话：京州市浦口大道88号 086-82244660 开户行及账号：中国银行京州浦口支行 458558198758	密码区	03<>+0>>>>6<531806/82349292 8/*804195-4+<169*5-0<068*</ -2*86**3<<7>/320/21<0</*23* 905666624<1-+-4+**56164-753

货物或应税劳务、服务名称	规格型号	单位	数量	单价	金额	税率	税额
*经营租赁*房租			1	26 009.17	26 009.17	9%	2 340.83
合计					¥ 26 009.17		¥ 2 340.83
价税合计（大写）	⊗ 贰万捌仟叁佰伍拾圆整				（小写）¥ 28 350.00		

销售方	名称：京州金佳物业管理有限公司 纳税人识别号：91320214662373725A 地址、电话：京州新区长江路19号 086-85213377 开户行及账号：中国建设银行京州新区支行 32001677335059234567	备注	京州金佳物业管理有限公司 91320214662373725A 发票专用章

收款人：陈菲 复核：陈菲 开票人：谭燕 销售方：（章）

第三联：发票联 购买方记账凭证

税总函[2019]361号汉东造币有限公司

教学专用 2-24-1-1

3200201135

汉东增值税专用发票

抵扣联

№ 05372912 3200201135 05372912

开票日期：2020年12月30日

购买方	名称：京州市新大风发动机制造厂 纳税人识别号：91320200672220538D 地址、电话：京州市浦口大道88号 086-82244660 开户行及账号：中国银行京州浦口支行 458558198758	密码区	94<>+0>>>>6<531806/82349292 8/*804195-4+<169*5-0<068*</ -2*86**3<<7>/320/21<0</*23* 905666624<1-+-4+**561644>5-

货物或应税劳务、服务名称	规格型号	单位	数量	单价	金额	税率	税额
*机床*铣床	A011	台	1	769 911.50	769 911.50	13%	100 088.50
合计					¥ 769 911.50		¥ 100 088.50
价税合计（大写）	⊗ 捌拾柒万圆整				（小写）¥ 870 000.00		

销售方	名称：汉东光大设备有限公司 纳税人识别号：91310131121042263B 地址、电话：京州民益路13号 086-60904138 开户行及账号：中国民生银行京州天钥支行 0235024170001127	备注	汉东光大设备有限公司 91310131121042263B 发票专用章

收款人：刘乐 复核：刘乐 开票人：邵兰 销售方：（章）

第二联：抵扣联 购买方扣税凭证

税总函[2019]361号汉东造币有限公司

教学专用 2-24-1-2

3200201135

汉东增值税专用发票

发票联

№ 05372912 3200201135 05372912

开票日期：2020年12月30日

购买方	名　　称：京州市新大风发动机制造厂 纳税人识别号：91320200672220538D 地 址、电 话：京州市浦口大道88号 086-82244660 开户行及账号：中国银行京州浦口支行 458558198758	密码区	94<>+0>>>>6<531806/82349292 8/*804195-4+<169*5-0<068*</ -2*86**3<<7>/320/21<0</*23* 905666624<1-+-4+**561644>5-

货物或应税劳务、服务名称	规格型号	单位	数量	单价	金额	税率	税额
*机床*铣床	A011	台	1	769 911.50	769 911.50	13%	100 088.50
合　　计					¥ 769 911.50		¥ 100 088.50
价税合计（大写）	⊗ 捌拾柒万圆整				（小写）¥ 870 000.00		

销售方	名　　称：汉东光大设备有限公司 纳税人识别号：91310131121042263B 地 址、电 话：京州民益路13号 086-60904138 开户行及账号：中国民生银行京州天钥支行 0235024170001127	备注	

收款人：刘乐　　复核：刘乐　　开票人：邵兰　　销售方：（章）

第三联：发票联 购买方记账凭证

税总函〔2019〕361号汉东造币有限公司

教学专用 2-24-2

032002000104

校验码 63366 30696 39935 62106

汉东增值税普通发票

发票联

№ 73924866 3200205400 73924866

开票日期：2020年12月30日

购买方	名　　称：京州市新大风发动机制造厂 纳税人识别号：91320200672220538D 地 址、电 话：京州市浦口大道88号 086-82244660 开户行及账号：中国银行京州浦口支行 458558198758	密码区	94<>+0>>>>6<531806/82349292 8/*804195-4+<169*5-0<068*</ -2*86**3<<7>/320/21<0</*23* 905666624<1-+-4+**561644>5-

货物或应税劳务、服务名称	规格型号	单位	数量	单价	金额	税率	税额
*建筑服务*安装费			1	4 587.16	4 587.16	9%	412.84
合　　计					¥ 4 587.16		¥ 412.84
价税合计（大写）	⊗ 伍仟圆整				（小写）¥ 5 000.00		

销售方	名　　称：汉东光大设备有限公司 纳税人识别号：91310131121042263B 地 址、电 话：京州市民益路13号 086-60904138 开户行及账号：中国民生银行京州天钥支行 0235024170001127	备注	

收款人：王欣　　复核：王欣　　开票人：张磊　　销售方：（章）

第二联：发票联 购买方记账凭证

税总函〔2019〕361号汉东造币有限公司

教学专用 2-24-3

固定资产验收单

所属期限：2020年12月　　　　　　　　　　　　单位：元

序号	固定资产名称	型号规格	类别	金额（元）	使用部门	入账日期	增加方式	折旧方法	使用年限	预计净残值
1	铣床	A011	机器机械生产设备	774，911.50	柴油发动机车间	2020/12/30	购入	平均年限法	10	38,745.57

教学专用 2-24-4

付款申请单

申请部门：采购部　　　　2020 年 12 月 30 日 填

收款单位	汉东光大设备有限公司	付款原因
银行账号	0235024170001127	设备款及安装费
开户行	中国民生银行京州天钥支行	
付款方式	转账	
付款截止日		
人民币（大写）	⊗佰捌拾柒万伍仟零佰零拾零元零角零分	¥ 875,000.00

领导审批 郑快进　　财务主管 王晓琳　　部门主管 王峰　　经办人 杨涛

教学专用 **2-24-5**

中国银行 BANK OF CHINA

国内支付业务付款回单

客户号：150347939　　　　　　　　日期：2020年12月30日

付款人账号：458558198758　　　　收款人账号：0235024170001127

付收款人名称：京州市新大风发动机制造厂　　　　收款人名称：汉东光大设备有限公司

付款人开户行：中国银行京州浦口支行　　　　收款人开户行：中国民生银行京州天钥支行

金额：CNY875,000.00

人民币捌拾柒万伍仟元整

报文种类：beps.121.001.01-客户发起普通贷记业务报文
业务类型：A100-普通汇兑
业务标识号：2020123045055386
发起行行号：104302046303
发起行名称：中国银行股份有限公司京州浦口支行

收支申报号：
业务编号：BNET 5600006178686634/000000000000
接收行行号：402332509010
接收行名称：中国民生银行京州天钥支行

扣账账号：458558198758　　　　扣账户名：京州市新大风发动机制造厂

用途：设备款及安装费

附言：设备款及安装费

中国银行股份有限公司 电子回单专用章

如您已通过银行网点取得相应纸质回单，请注意核对，勿重复记账！

交易机构：07195　　交易渠道：网上银行　　交易流水号：108257730-581　　经办：

回单编号：2020123039183197　　回单验证码：242K3LFR7R87　　打印时间：　　打印次数：　　次

教学专用 **2-25-1**

中国银行(　　贷款)借款凭证(回　单)　③

日期 2020 年12月30日　　　　银行编号：

借款单位	名称	同右	收款单位	名称	京州市新大风发动机制造厂
	放款户账号	458010171001		往来户账号	455558198758
	开户银行			开户银行	中国银行京州浦口支行
借款期限（最后还款日）			借款计划指标	7.2%	
借款申请金额	人民币（大写）壹佰万元整				千百十万千百十元角分 ¥ 1 0 0 0 0 0 0 0 0
借款原因及用途	补充流动资金				千百十万千百十元角分 ¥ 1 0 0 0 0 0 0 0 0

期限	计划还款日期	✓	计划还款金额	分次还款记录	期次	还款日期	还款金额	结欠
1	2021.06.30		100万					
2								
3								
4								

此表系核定放款回单代借款单位往来户收款通知

备注：

上述借款业已同意贷给并转入你单位往来账户借款到期时应按期归还此致

借款单位

（银行单位）　年　月　日

教学专用 2-26-1

股东会决议

同意丁凯向本单位注资共1 200 000元，其中1 000 000元享有约7.14%的股份，剩余部分200 000元作为资本公积。

京州市新大风发动机制造厂
2020年12月30日

教学专用 2-26-2

中国银行 BANK OF CHINA

国内支付业务收款回单

客户号：150347939　　日期：2020年12月30日

收款人账号：458558198758　　付款人账号：6217922473162468
收款人名称：京州市新大风发动机制造厂　　付款人名称：丁凯

收款人开户行：中国银行京州浦口支行　　付款人开户行：上海浦东发展银行京州新区支行

金额：CNY1,200,000.00
人民币壹佰贰拾万元整

报文种类：beps.121.001.01-客户发起普通贷记业务报文
业务类型：A100-普通汇兑
业务标识号：2020123040026925
发起行行号：402335010001
发起行名称：上海浦东发展银行京州新区支行

收支申报号：
业务编号：
接收行行号：104302046303
接收行名称：中国银行股份有限公司京州浦口支行

入账账号：458558198758　　入账户名：京州市新大风发动机制造厂

用途：

附言：投资款（网银转账，有误即退）

如您已通过银行网点取得相应纸质回单，请注意核对，勿重复记账！

中国银行股份有限公司 电子回单专用章

交易机构：06293　交易渠道：其他　交易流水号：170575735-583　经办：
回单编号：2020123037314303　回单验证码：242K3LFR7R87　打印时间：　打印次数：　次

教学专用 **2-27-1**

收 料 单

№ 0004

材料科目：原材料

供应单位：杭州万翔电气设备制造厂

发票号码：　　2020 年 12 月 30 日　　收料仓库：

材料名称	规格	计量单位	数量		实际成本					
			应收	实收	买价		摊运杂费	其他	合计	单位成本
					单价	金额				
喷油嘴		件	100	100	2,100.00	210,000.00	—	—	210,000.00	
凸轮轴		件	200	200	2,100.00	420,000.00	—	—	420,000.00	
合 计									630,000.00	

②交会计（绿）

记账：朱红　　收料：李元明　　制单：李元明

教学专用 **2-28-1**

领料单

2020 年 12 月 31 日　　No. 0014227

领料部门（单位）：汽油发动机车间　　生产工单号：

编号	品名及规格	单位	数量		单 价	金 额	备 注
			请领	实领			
1	凸轮轴	件	450	450			
2	缸体	件	340	340			
合计							

②交财务（绿）

制单 陆飞　　部门审批 徐俊伟　　仓库 李元明　　仓库审批 徐旦渡

教学专用 2-29-1

领料单

2020 年 12 月 31 日　　No. 0014230

领料部门（单位）：柴油发动机车间　　生产工单号：

编号	品名及规格	单位	数量 请领	数量 实领	单价	金额	备注
1	喷油嘴	件	160	160			
2	连杆	件	280	280			
合计							

制单 孟兰　　部门审批 李玉栋　　仓库 李元明　　仓库审批 徐旦溦

②交财务（绿）

教学专用 2-30-1

3200202240

汉东增值税专用发票

此联不作报销、扣税凭证使用

№ 03332187　3200202240 03332186

开票日期：2020年12月31日

购买方	名　　称：汉东中科汽车制造厂 纳税人识别号：91320200567816721L 地址、电话：京州市新街口28号永安大厦16楼1601室 086-52281465 开户行及账号：中信银行京州新街口支行 7352310182400013478	密码区	94<>+0>>>>6<531806/82349292 8/*804195-4+<169*5-0<068*</ -2*86**3<<7>/320/21<0</*23* 905666624<1-+-4+**561644>5-

货物或应税劳务、服务名称	规格型号	单位	数量	单价	金额	税率	税额
*发动机*汽油发动机	EA678	件	50	13 274.3362	663 716.81	13%	86 283.19
合计					¥ 663 716.81		¥ 86 283.19
价税合计（大写）	⊗柒拾伍万圆整				（小写）¥ 750 000.00		

销售方	名　　称：京州市新大风发动机制造厂 纳税人识别号：91320200672220538D 地址、电话：京州市浦口区浦口大道88号 086-82244660 开户行及账号：中国银行京州浦口支行 458558198758	备注	

收款人：朱红　　复核：朱红　　开票人：张燕　　销售方：（章）

（印章：京州市新大风发动机制造厂 91320200672220538D 发票专用章）

第一联：记账联　销售方记账凭证

税总函〔2019〕361号汉东造币有限公司

教学专用 2-31-1

银行承兑汇票

90000000000508

出票日期（大写）　贰零贰零 年　壹拾贰月　叁拾壹日

出票人全称	汉东中科汽车制造厂	收款人	全　称	京州市新大风发动机制造厂
出票人账号	7352310182400013478		账　号	458558198758
付款行全称	中信银行京州新街口支行		开户银行	中国银行京州浦口支行

出票金额　人民币（大写）　捌万陆仟元整

亿	千	百	十	万	千	百	十	元	角	分
			¥	8	6	0	0	0	0	0

汇票到期日（大写）	贰零贰壹年零陆月叁拾壹日	付款行	行号	1802
承兑协议编号			地址	京州市

本汇票请银行承兑，到期无条件付款。

财务专用章：汉东中科汽车制造厂 3204570051***

罗之印文

出票人签章

本汇票已经承兑，到期日由本行付款。

汇票专用章 87400

承兑行签章

承兑日期　年　月　日

备注：

复核　记账

此联收款人开户行随托收凭证寄付款行作借方凭证附件

教学专用 2-32-1

中国银行 BANK OF CHINA

国内支付业务收款回单

客户号：150347939　　　　日期：2020年12月31日

收款人账号：458558198758　　　　付款人账号：1103010917200165118

收款人名称：京州市新大风发动机制造厂　　　　付款人名称：吕州中信汽车制造厂

收款人开户行：中国银行京州浦口支行　　　　付款人开户行：工商银行京州蠡口支行

金额：CNY125,000.00

人民币壹拾贰万伍仟元整

报文种类：beps.121.001.01-客户发起普通贷记业务报文

业务类型：A100-普通汇兑

业务标识号：2020123140026925

发起行行号：402335010001

发起行名称：工商银行吕州蠡口支行

收支申报号：

业务编号：

接收行行号：104302046303

接收行名称：中国银行股份有限公司京州浦口支行

入账账号：458558198758　　　　入账户名：京州市新大风发动机制造厂

用途：

附言：货款（网银转账，有误即退）

中国银行股份有限公司 电子回单专用章

如您已通过银行网点取得相应纸质回单，请注意核对，勿重复记账！

交易机构：04293　交易渠道：其他　交易流水号：170575735-583　经办：

回单编号：2020123137314303　回单验证码：242K3LFR7R87　打印时间：　打印次数：　次

教学专用 **2-33-1**

3200202240

汉东增值税专用发票

№ 03332188 3200202240 03332187

此联不作报销、扣税凭证使用　　开票日期：2020年12月30日

购买方	名　　称：汉东中科汽车制造厂 纳税人识别号：91320200567816721L 地址、电话：京州市新街口28号永安大厦16楼1601室 086-52281465 开户行及账号：中信银行新州新街口支行 7352310182400013478				密码区	94<>+0>>>>6<531806/82349292 8/*804195-4+<169*5-0<068*</ -2*86**3<<7>/320/21<0</*23* 905666624<1-+-4+**561644>5-		
货物或应税劳务、服务名称	规格型号	单位	数量	单价	金额	税率	税额	
*发动机*汽油发动机	EA678	件	120	13 274.3363	1 592 920.35	13%	207 079.65	
合　计					¥1 592 920.35		¥207 079.65	
价税合计（大写）	⊗壹佰捌拾万圆整				（小写）¥1 800 000.00			
销售方	名　　称：京州市新大风发动机制造厂 纳税人识别号：91320200672220538D 地址、电话：京州市浦口区浦口大道88号 086-82244660 开户行及账号：中国银行京州浦口支行 458558198758				备注	京州市新大风发动机制造厂 91320200672220538D 发票专用章		

收款人：朱红　　复核：朱红　　开票人：张燕　　销售方：（章）

第一联：记账联　销售方记账凭证

税总函[2019]361号汉东造币有限公司

教学专用 **2-34-1**

付　款　申　请　单

申请部门：财务部　　2020 年 12 月 31 日 填

收款单位	京州新业创科电气设备制造厂	付款原因
银行账号	20211567458113352	预付货款
开户行	招商银行京州城东支行	
付款方式	转账	
付款截止日		
人民币（大写）	⊗佰⊗拾柒万叁仟零佰零拾零元零角零分	¥ 73,000.00

领导审批 郑阳进　财务主管 王晓琳　部门主管 王晓琳　经办人 张燕

教学专用 2-34-2

中国银行 BANK OF CHINA

国内支付业务付款回单

客户号：150347939　　日期：2020年12月31日

付款人账号：458558198758　　收款人账号：20211567458113352

付收款人名称：京州市新大风发动机制造厂　　收款人名称：京州新业创科电气设备制造厂

付款人开户行：中国银行京州浦口支行　　收款人开户行：招商银行京州城东支行

金额：CNY73，000.00

人民币柒万叁仟元整

报文种类：beps.121.001.01-客户发起普通贷记业务报文
业务类型：A100-普通汇兑
业务标识号：2020123145055386
发起行行号：104302046303
发起行名称：中国银行股份有限公司京州浦口支行

收支申报号：
业务编号：BNET 5600006178686634/000000000000
接收行行号：402332509010
接收行名称：招商银行京州城东支行

扣账账号：458558198758　　扣账户名：京州市新大风发动机制造厂

用途：预付货款

附言：预付货款

中国银行股份有限公司 电子回单专用章

如您已通过银行网点取得相应纸质回单，请注意核对，勿重复记账！

交易机构：07195　交易渠道：网上银行　交易流水号：108257730-581　经办：

回单编号：2020123139183197　回单验证码：242K3LFR7R87　打印时间：　打印次数：　次

教学专用 2-35-1

3200202240

汉东增值税专用发票

№ 03332189　3200202240 03332189

此联不作报销、扣税凭证使用　　开票日期：2020年12月31日

购买方	名称：京州朝阳汽车制造厂 纳税人识别号：91320200144712579A 地址、电话：京州市盐仓桥79号 086-57213482 开户行及账号：工商银行京州盐仓桥支行 1104012217553474118					密码区	94<>+0>>>>6<531806/82349292 8/*804195-4+<169*5-0<068*</ -2*86**3<<7>/320/21<0</*23* 905666624<1-+-4+**561644>5-	
货物或应税劳务、服务名称	规格型号	单位	数量	单价	金额	税率	税额	
*发动机*柴油发动机	X4105	件	35	22 123.893 7	774 336.28	13%	100 663.72	
合计					¥774 336.28		¥100 663.72	
价税合计（大写）	⊗捌拾柒万伍仟圆整				（小写）¥875 000.00			
销售方	名称：京州市新大风发动机制造厂 纳税人识别号：91320200672220538D 地址、电话：京州市浦口区浦口大道88号 086-82244660 开户行及账号：中国银行京州浦口支行 458558198758					备注	京州市新大风发动机制造厂 91320200672220538D 发票专用章	

收款人：朱红　　复核：朱红　　开票人：张燕　　销售方：（章）

第一联：记账联　销售方记账凭证

税总函〔2019〕361号汉东造币有限公司

教学专用 2-35-2

中国银行 BANK OF CHINA

国内支付业务收款回单

客户号：150347939　　　　日期：2020年12月31日

收款人账号：458558198758　　　　付款人账号：1104012217553474118
收款人名称：京州市新大风发动机制造厂　　　　付款人名称：京州朝阳汽车制造厂

收款人开户行：中国银行京州浦口支行　　　　付款人开户行：工商银行京州盐仓桥支行

金额：CNY875,000.00
人民币捌拾柒万伍仟元整

报文种类：beps.121.001.01-客户发起普通贷记业务报文
业务类型：A100-普通汇兑　　　　收支申报号：
业务标识号：2020041640026925　　　　业务编号：
发起行行号：402335010001　　　　接收行行号：104302046303
发起行名称：工商银行京州盐仓桥支行　　　　接收行名称：中国银行股份有限公司京州浦口支行

入账账号：458558198758　　　　入账户名：京州市新大风发动机制造厂

用途：

附言：货款（网银转账，有误即退）

如您已通过银行网点取得相应纸质回单，请注意核对，勿重复记账！

中国银行股份有限公司 电子回单专用章

交易机构：06293　交易渠道：其他　交易流水号：170575735-583　经办：
回单编号：2020123137314303　回单验证码：242K3LFR7R87　打印时间：　打印次数：　次

教学专用 2-36-1

中国银行 BANK OF CHINA

国内支付业务收款回单

客户号：150347939　　　　日期：2020年12月31日

收款人账号：458558198758　　　　付款人账号：1001516604003242984
收款人名称：京州市新大风发动机制造厂　　　　付款人名称：汉东平安汽车制造厂

收款人开户行：中国银行京州浦口支行　　　　付款人开户行：工商银行京州经济开发区支行

金额：CNY100,000.00
人民币壹拾万元整

报文种类：beps.121.001.01-客户发起普通贷记业务报文
业务类型：A100-普通汇兑　　　　收支申报号：
业务标识号：2020123140026925　　　　业务编号：
发起行行号：402335010001　　　　接收行行号：104302046303
发起行名称：工商银行京州经济开发区支行　　　　接收行名称：中国银行股份有限公司京州浦口支行

入账账号：458558198758　　　　入账户名：京州市新大风发动机制造厂

用途：

附言：货款（网银转账，有误即退）

如您已通过银行网点取得相应纸质回单，请注意核对，勿重复记账！

中国银行股份有限公司 电子回单专用章

交易机构：06293　交易渠道：其他　交易流水号：170575735-583　经办：
回单编号：2020123137314303　回单验证码：242K3LFR7R87　打印时间：　打印次数：　次

教学专用 2-37-1-1

3200203320

代开

汉东增值税专用发票

抵扣联

№ 26035181 3200203320 26035181

开票日期： 2020年12月31日

购买方	名　　称：京州市新大风发动机制造厂 纳税人识别号：91320200672220538D 地 址、电 话：京州市浦口大道88号 086-82244660 开户行及账号：中国银行京州浦口支行 458558198758	密码区	94<>+0>>>>6<531806/82349292 8/*804195-4+<169*5-0<068*</ -2*86**3<<7>/320/21<0</*23* 905666624<1-+-4+**561644>5-

货物或应税劳务、服务名称	规格型号	单位	数量	单价	金额	税率	税额
*经营租赁*绿植租赁		批	1	2 621.359 223	2 621.36	3%	78.64
合　　计					¥ 2 621.36		¥ 78.64
价税合计（大写）	⊗贰仟柒佰圆整				（小写） ¥ 2 700.00		

销售方	名　　称：京州市第二税务分局（代开机关） 纳税人识别号：32020511JK08625（代开机关） 地 址、电 话：京州市滴翠路99号 13512137065 开户行及账号：汉东银行河埒支行 20340188000008611（完税凭证号）	备注	代开企业税号：91320200561852439A代开企业名称： 京州市弘发花卉经营部

收款人：　　复核：　　开票人：徐强　　销售方：（章）

第二联：抵扣联　购买方扣税凭证

税总函〔2019〕361号汉东造币有限公司

教学专用 2-37-1-2

3200203320

代开

汉东增值税专用发票

发票联

№ 26035181 3200203320 26035181

开票日期： 2020年12月31日

购买方	名　　称：京州市新大风发动机制造厂 纳税人识别号：91320200672220538D 地 址、电 话：京州市浦口大道88号 086-82244660 开户行及账号：中国银行京州浦口支行 458558198758	密码区	94<>+0>>>>6<531806/82349292 8/*804195-4+<169*5-0<068*</ -2*86**3<<7>/320/21<0</*23* 905666624<1-+-4+**561644>5-

货物或应税劳务、服务名称	规格型号	单位	数量	单价	金额	税率	税额
*经营租赁*绿植租赁		批	1	2 621.359 223	2 621.36	3%	78.64
合　　计					¥ 2 621.36		¥ 78.64
价税合计（大写）	⊗贰仟柒佰圆整				（小写） ¥ 2 700.00		

销售方	名　　称：京州市第二税务分局（代开机关） 纳税人识别号：32020511JK08625（代开机关） 地 址、电 话：京州市滴翠路99号 13512137065 开户行及账号：汉东银行河埒支行 20340188000008611（完税凭证号）	备注	代开企业税号：91320200561852439A代开企业名称： 京州市弘发花卉经营部

收款人：　　复核：　　开票人：徐强　　销售方：（章）

第三联：发票联　购买方记账凭证

税总函〔2019〕361号汉东造币有限公司

教学专用 2-37-2

付款申请单

申请部门：行政部　　2020 年 12 月 31 日填

收款单位	京州市弘发花卉经营部	付款原因
银行账号	20340188000008611	绿化费
开户行	汉东银行河埒支行	
付款截止日		
付款方式	转账	
人民币（大写）	⊗佰 ⊗拾 ⊗万贰仟柒佰零拾零元零角零分	¥ 2,700.00

领导审批 郑少进　　财务主管 王晓琳　　部门主管 朱波　　经办人 陈文

教学专用 2-37-3

中国银行 BANK OF CHINA

国内支付业务付款回单

客户号：150347939　　日期：2020年12月31日

付款人账号：458558198758　　收款人账号：20340188000008611

付收款人名称：京州市新大风发动机制造厂　　收款人名称：京州市弘发花卉经营部

付款人开户行：中国银行京州浦口支行　　收款人开户行：汉东银行河埒支行

金额：CNY2,700.00
人民币贰仟柒佰元整

报文种类：beps.121.001.01-客户发起普通贷记业务报文
业务类型：A100-普通汇兑
业务标识号：2020123145055386
发起行行号：104302046303
发起行名称：中国银行股份有限公司京州浦口支行

收支申报号：
业务编号：BNET 5600006178686634/000000000000
接收行行号：402332509010
接收行名称：汉东银行河埒支行

扣账账号：458558198758　　扣账户名：京州市新大风发动机制造厂

用途：绿化费

附言：绿化费

如您已通过银行网点取得相应纸质回单，请注意核对，勿重复记账！

中国银行股份有限公司 电子回单专用章

交易机构：07195　　交易渠道：网上银行　　交易流水号：108257730-581　　经办：

回单编号：2020123139183197　　回单验证码：242K3LFR7R87　　打印时间：　　打印次数：　次

教学专用 **2-38-1**

费用报销单

报销部门：总经办　　2020年 12 月 31 日填　　单据及附件共 1 张

用途	金额（元）	备注	
报销业务招待费	6,780.00		
		部门审核	领导审批
合计	6,780.00		
人民币（大写）⊗拾⊗万陆仟柒佰捌拾零元零角零分		原借款：／元	退／补：／元

会计主管 王晓琳　会计 朱红　出纳 张燕　报销人 郑快进　领款人 郑快进

教学专用 **2-38-2**

032002000104　　汉东增值税普通发票　　№ 00780567 032002000104 00780567

发票联

校验码 63366 30696 39935 62106　　开票日期：2020年12月31日

购买方	名称：京州市新大风发动机制造厂 纳税人识别号：91320200672220538D 地址、电话：京州市浦口区浦口大道88号 086-82244660 开户行及账号：中国银行京州浦口支行 458558198758	密码区	27<>+0>>>>6<531806/82349292 8/*237615-4+<169*5-0<068*</ -2*86**8<<7>/320/21<0</*23 111116624<1-+-4+**561644>5-

货物或应税劳务、服务名称	规格型号	单位	数量	单价	金额	税率	税额
*餐饮服务*餐饮费			1	6 582.524 272	6 582.52	3%	197.48
合计					￥6 582.52		￥197.48
价税合计（大写）	⊗陆仟柒佰捌拾圆整				（小写）￥6 780.00		

销售方	名称：京州新大风酒店 纳税人识别号：91320200133527832X 地址、电话：汉东省京州市中山路88号 086-82768571 开户行及账号：交通银行京州东林支行 458558198788	备注	

收款人：孙甜　复核：孙甜　开票人：刘玲　销售方：（章）

第二联：发票联 购买方记账凭证

税总函〔2019〕520号汉东造币有限公司

教学专用 2-38-3

中国银行 BANK OF CHINA

国内支付业务付款回单

客户号：150347939　　日期：2020年12月31日

付款人账号：458558198758　　收款人账号：0235024170001327

付收款人名称：京州市新大风发动机制造厂　　收款人名称：郑快进

付款人开户行：中国银行京州浦口支行　　收款人开户行：中国银行京州浦口支行

金额：CNY6，780.00

人民币陆仟柒佰捌拾元整

报文种类：beps.121.001.01-客户发起普通贷记业务报文
业务类型：A100-普通汇兑
业务标识号：2020123145055386
发起行行号：104302046303
发起行名称：中国银行股份有限公司京州浦口支行

收支申报号：
业务编号：BNET 5600006178686634/000000000000
接收行行号：402332509121
接收行名称：中国银行京州浦口支行

扣账账号：458558198758　　扣账户名：京州市新大风发动机制造厂

用途：报销款

附言：报销款

中国银行股份有限公司 电子回单专用章

如您已通过银行网点取得相应纸质回单，请注意核对，勿重复记账！

交易机构：07195　交易渠道：网上银行　交易流水号：108257730-581　经办：

回单编号：2020123139183197　回单验证码：242K3LFR7R87　打印时间：　打印次数：　次

教学专用 2-39-1-1

3200203320

汉东增值税专用发票

抵扣联

№ 26035181　3200203320 26035181

开票日期：2020年12月31日

购买方	名称：京州市新大风发动机制造厂 纳税人识别号：91320200672220538D 地址、电话：京州市浦口大道88号 086-82244660 开户行及账号：中国银行京州浦口支行 458558198758	密码区	94<>+0>>>>6<531806/82349292 8/*804195-4+<169*5-0<068*</ -2*86**3<<7>/320/21<0</*23* 905666624<1-+-4+**561644>5-

货物或应税劳务、服务名称	规格型号	单位	数量	单价	金额	税率	税额
*软件*金蝶软件	kdy18	套	1	30 973.4513	30 973.45	13%	4 026.55
合计					￥30 973.45		￥4 026.55
价税合计（大写）	⊗叁万伍仟圆整				（小写）￥35 000.00		

销售方	名称：京州市金蝶科技有限公司 纳税人识别号：91320283254976851M 地址、电话：京州市行创四路85号 086-29158432 开户行及账号：工行京州新区支行 265291248391256	备注	京州市金蝶科技有限公司 9132028354976851M 发票专用章

收款人：　复核：　开票人：徐强　销售方：（章）

第二联：抵扣联 购买方扣税凭证

税总函〔2019〕361号汉东造币有限公司

教学专用 **2-39-1-2**

3200203320

汉东增值税专用发票

发 票 联

№ 26035181　3200203320 26035181

开票日期：2020年12月31日

购买方	名　称：京州市新大风发动机制造厂 纳税人识别号：91320200672220538D 地 址、电 话：京州市浦口大道88号 086-82244660 开户行及账号：中国银行京州浦口支行 458558198758	密码区	94<>+0>>>>6<531806/82349292 8/*804195-4+<169*5-0<068*</ -2*86**3<<7>/320/21<0</*23* 905666624<1-+-4+**561644>5-

货物或应税劳务、服务名称	规格型号	单位	数量	单价	金额	税率	税额
*软件*金蝶软件	kdy18	套	1	30 973.4513	30 973.45	13%	4 026.55
合　计					¥ 30 973.45		¥ 4 026.55
价税合计（大写）	⊗叁万伍仟圆整				（小写）¥ 35 000.00		

销售方	名　称：京州市金蝶科技有限公司 纳税人识别号：913202832549768 51M 地 址、电 话：京州市行创四路85号 086-29158432 开户行及账号：工行京州新区支行 265291248391256	备注	

收款人：　　复核：　　开票人：徐强　　销售方：（章）

第三联：发票联 购买方记账凭证

税总函[2019]361号汉东造币有限公司

教学专用 **2-39-2**

付 款 申 请 单

申请部门：财务部　　2020 年 12 月 31 日 填

收款单位	京州市金蝶科技有限公司	付款原因
银行账号	265291248391256	财务软件费
开户行	工行京州新区支行	
付款方式	转账	
付款截止日		
人民币（大写）	⊗佰 ⊗拾 叁万伍仟零佰零拾零元零角零分	¥ 35,000.00

领导审批 郑沪进　财务主管 王晓琳　部门主管 王晓琳　经办人 张燕

教学专用 2-39-3

中国银行 BANK OF CHINA

国内支付业务付款回单

客户号：150347939　　　　日期：2020年12月31日

付款人账号：458558198758　　　　收款人账号：265291248391256

付收款人名称：京州市新大风发动机制造厂　　　　收款人名称：京州市金蝶科技有限公司

付款人开户行：中国银行京州浦口支行　　　　收款人开户行：工行京州新区支行

金额：CNY35,000.00
人民币叁万伍仟元整

报文种类：beps.121.001.01-客户发起普通贷记业务报文
业务类型：A100-普通汇兑
业务标识号：2020123145055386
发起行行号：104302046303
发起行名称：中国银行股份有限公司京州浦口支行

收支申报号：
业务编号：BNET 5600006178686634/000000000000
接收行行号：402332509121
接收行名称：中国银行京州浦口支行

扣账账号：458558198758　　　　扣账户名：京州市新大风发动机制造厂

用途：财务软件款

附言：财务软件款

中国银行股份有限公司 电子回单专用章

如您已通过银行网点取得相应纸质回单，请注意核对，勿重复记账！

交易机构：07195　交易渠道：网上银行　交易流水号：108257730-581　经办：

回单编号：2020123139183197　回单验证码：242K3LFR7R87　打印时间：　打印次数：　次

教学专用 2-40-1

付款申请单

申请部门：财务部　　　　2020 年 12 月 31 日填

收款单位	郑快进	付款原因
银行账号	0235024170001327	归还借款
开户行	中国银行京州浦口支行	
付款方式	转账	
付款截止日		
人民币（大写）	⊗佰⊗拾贰万伍仟零佰零拾零元零角零分	¥ 25,000.00

领导审批 郑快进　财务主管 王晓琳　部门主管 王晓琳　经办人 张燕

 2-40-2

中国银行 BANK OF CHINA

国内支付业务付款回单

客户号：150347939　　　　日期：2020年12月31日

付款人账号：458558198758　　　　收款人账号：0235024170001327

付收款人名称：京州市新大风发动机制造厂　　　　收款人名称：郑快进

付款人开户行：中国银行京州浦口支行　　　　收款人开户行：中国银行京州浦口支行

金额：CNY25，000.00
人民币贰万伍仟元整

报文种类：beps.121.001.01-客户发起普通贷记业务报文
业务类型：A100-普通汇兑　　　　收支申报号：
业务标识号：2020123145055386　　　　业务编号：BNET 5600006178686634/000000000000
发起行行号：104302046303　　　　接收行行号：402332509121
发起行名称：中国银行股份有限公司京州浦口支行　　　　接收行名称：中国银行京州浦口支行

扣账账号：458558198758　　　　扣账户名：京州市新大风发动机制造厂

用途：归还借款

附言：归还借款

如您已通过银行网点取得相应纸质回单，请注意核对，勿重复记账！

中国银行股份有限公司 电子回单专用章

交易机构：07195　交易渠道：网上银行　交易流水号：108257730-581　经办：

回单编号：2020123139183197　回单验证码：242K3LFR7R87　打印时间：　打印次数：　次

 2-41-1

累计折旧明细表

所属期限：2020年12月　　　　单位：元

序号	名称	类别	部门	开始使用日期	预计使用期限（月）	资产原值	预计残值率	残值	月折旧	累计折旧	期末净值
A001	办公电脑	电子设备	总经办	2020年11月	36	2,916.81	5%	145.84	76.97	76.97	2,839.84
A002	办公电脑	电子设备	财务部	2020年11月	36	2,916.81	5%	145.84	76.97	76.97	2,839.84
A003	办公电脑	电子设备	行政部	2020年11月	36	2,916.81	5%	145.84	76.97	76.97	2,839.84
A004	办公电脑	电子设备	销售部	2020年11月	36	2,916.81	5%	145.84	76.97	76.97	2,839.84
A005	办公电脑	电子设备	采购部	2020年11月	36	2,916.81	5%	145.84	76.97	76.97	2,839.84
A006	打印机	电子设备	总经办	2020年11月	36	3,805.31	5%	190.27	100.42	100.42	3,704.89
			小计			18,389.38		919.47	485.27	485.27	17,904.09
A007	锻造机床	机器机械生产设备	柴油发动机车间	2020年11月	120	530,973.45	5%	26,548.67	4,203.54	4,203.54	526,769.91
A008	锻造机床工具套装	器具、工具、家具	柴油发动机车间	2020年11月	60	265,486.73	5%	13,274.34	4,203.54	4,203.54	261,283.19
			小计			796,460.18		39,823.01	8,407.08	8,407.08	788,053.10
A009	数控机床	机器机械生产设备	汽油发动机车间	2020年11月	120	530,973.45	5%	26,548.67	4,203.54	4,203.54	526,769.91
A010	数控机床工具套装	器具、工具、家具	汽油发动机车间	2020年11月	60	265,486.73	5%	13,274.34	4,203.54	4,203.54	261,283.19
			小计			796,460.18		39,823.01	8,407.08	8,407.08	788,053.10
			总计			1,611,309.74		80,565.49	17,299.43	17,299.43	1,594,010.29

会计主管：王晓琳　　　　复核：王晓琳　　　　制单：朱红

教学专用 2-42-1

无形资产摊销表

所属期限：2020年12月　　　　单位：元

项目	金额	摊销时间	摊销期（月）	月摊销额	累计摊销额	剩余摊销金额
无形资产	30,973.45	2020.12-2030.11	120	258.11	258.11	30,715.34

会计主管：王晓琳　　　　复核：　王晓琳　　　　制单：朱红

教学专用 2-43-1

工资计提表

所属期限：2020年12月　　　　单位：元

部门	职位	姓名	所属月份	基本工资	满勤奖	加班	应发工资	应扣个人缴纳保险					税前合计	专项附加扣除	个人所得税	实发金额	签字
								养老保险8%	医疗保险2%	失业保险0.5%	住房公积金8%	合计					
总经办	总经理	郑快进	202012	20,000.00	200.00		20,200.00	1,616.00	404.00	101.00	1,616.00	3,737.00	16,463.00	1,000.00	313.89	16,149.11	
财务部	会计主管	王晓琳	202012	8,500.00	200.00		8,700.00	696.00	174.00	43.5	696.00	1,609.50	7,090.50	2,500.00	0.00	7,090.50	
	会计	朱红	202012	6,000.00	200.00		6,200.00	496.00	124.00	31.00	496.00	1,147.00	5,053.00	0.00	1.59	5,051.41	
	出纳	张燕	202012	4,000.00	200.00		4,200.00	336.00	84.00	21.00	336.00	777.00	3,423.00	400.00	0.00	3,423.00	
行政部	行政主管	朱波	202012	8,000.00	200.00		8,200.00	656.00	164.00	41.00	656.00	1,517.50	6,683.00	500.00	35.49	6,647.51	
	内勤	陈文	202012	4,500.00	200.00		4,700.00	376.00	94.00	23.50	376.00	869.50	3,830.50	2000.00	0.00	3,830.50	
	内勤	王昌强	202012	4,000.00	200.00		4,200.00	336.00	84.00	21.00	336.00	777.00	3,423.00	0.00	0.00	3,423.00	
小计				55,000.00	1,400.00		56,400.00	4,512.00	1,128.00	282.00	4,512.00	10,434.00	45,966.00	6,400.00	350.097	45,615.03	
销售部	销售主管	王倩	202012	15,000.00	200.00		15,200.00	1,216.00	304.00	76.00	1,216.00	2,812.00	12,388.00	1,400.00	179.64	12,208.40	
	销售员	李林	202012	8,000.00	200.00		8,200.00	656.00	164.00	41.00	656.00	1,517.00	6,683.00	2,000.00	0.00	6,683.00	
	销售员	王凯	202012	6,000.00	200.00		6,200.00	496.00	124.00	31.00	496.00	1,147.00	5,053.00	0.00	1.59	5,051.41	
小计				29,000.00	600.00		29,600.00	2,368.00	592.00	148.00	2,368.00	5,476.00	24,124.00	3,400.00	181.23	23,942.77	
仓库部	仓库主管	徐旦波	202012	7,500.00	200.00	300.00	8,000.00	640.00	160.00	40.00	640.00	1,480.00	6,520.00	1,000.00	15.60	6,504.40	
	仓管员	李元明	202012	4,000.00	200.00	300.00	4,500.00	360.00	90.00	22.50	360.00	832.50	3,667.50	0.00	0.00	3,667.50	
采购部	采购主管	王峰	202012	12,000.00	200.00		12,200.00	976.00	244.00	61.00	976.00	2,257.00	9,943.00	1,000.00	118.29	9,824.71	
	采购员	杨涛	202012	6,500.00	200.00		6,700.00	536.00	134.00	33.50	536.00	1,239.50	5,460.50	0.00	13.82	5,446.68	
小计				30,000.00	800.00	600.00	31,400.00	2,512.00	628.00	157.00	2,512.00	5,809.00	25,591.00	2,000.00	147.70	25,443.30	
柴油发动机车间	车间主任	李玉松	202012	16,000.00	200.00	500.00	16,700.00	1,336.00	134.00	83.50	1,336.00	3,089.50	1,3610.50	0.00	258.32	13,352.20	
	工人	马阳	202012	5,500.00	200.00	600.00	6,300.00	504.00	126.00	31.50	504.00	1,165.50	5,134.50	0.00	4.04	5,130.46	
	工人	张林	202012	5,300.00	200.00	500.00	6,000.00	480.00	120.00	30.00	480.00	1,110.00	4,890.00	0.00	0.00	4,890.00	
	工人	孟兰	202012	5,000.00	200.00	600.00	5,800.00	464.00	116.00	29.00	464.00	1,073.00	4,727.00	0.00	0.00	4,727.00	
小计				31,800.00	800.00	2,200.00	34,800.00	2,784.00	696.00	174.00	2,784.00	6,438.00	28,362.00	0.00	262.34	28,099.66	
汽油发动机车间	车间主任	徐俊伟	202012	16,000.00	200.00	500.00	16,700.00	1,336.00	334.00	83.50	1,336.00	3,089.50	13,610.50	2,500.00	183.32	13,427.20	
	工人	蔡云烨	202012	5,500.00	200.00	700.00	6,400.00	512.00	128.00	32.00	512.00	1,184.00	5,216.00	0.00	6.48	5,209.52	
	工人	高一雯	202012	5,200.00	200.00	600.00	6,000.00	480.00	120.00	30.00	480.00	1,110.00	4,890.00	0.00	0.00	4,890.00	
	工人	陆飞	202012	4,800.00	200.00	500.00	5,500.00	440.00	110.00	27.50	440.00	1,017.50	4,482.50	0.00	0.00	4,482.50	
小计				31,500.00	800.00	2,300.00	34,600.00	2,768.00	692.00	173.00	2,768.00	6,401.00	28,199.00	2,500.00	189.79	28,009.21	
合计				177,300.00	4,400.00	5,100.00	186,800.00	14,944.00	3,736.00	934.00	14,944.00	34,558.00	152,2422.00	14,300.00	1,132.07	151,109.97	

会计主管：王晓琳　　　　复核：　王晓琳　　　　制单：朱红

教学专用 2-43-2

个税计算表

所属期限：2020年12月　　　　　　　　　　　　　　　　　　　　单位：元

部门	职位	姓名	累计工资薪金所得额	累计社保扣除	累计公积金扣除	累计专项附加扣除	累计减除费用	累计预缴应纳税所得额	累计应预扣预缴个税	累计已预扣预缴个税	本月应预扣预缴个税
总经办	总经理	郑快进	20,200.00	2,121.00	1,616.00	1,000.00	5,000.00	10,463.00	313.89	0.00	313.89
财务部	会计主管	王晓琳	8,700.00	913.50	696.00	2,500.00	5,000.00	0.00	0.00	0.00	0.00
	会计	朱红	6,200.00	651.00	496.00	0.00	5,000.00	53.00	1.59	0.00	1.59
	出纳	张燕	4,200.00	441.50	336.00	400.00	5,000.00	0.00	0.00	0.00	0.00
行政部	行政主管	朱波	8,200.00	861.00	656.00	500.00	5,000.00	1,183.00	35.49	0.00	35.49
	内勤	陈文	4,700.00	493.50	376.00	2,000.00	5,000.00	0.00	0.00	0.00	0.00
	内勤	王昌强	4,200.00	441.00	336.00	0.00	5,000.00	0.00	0.00	0.00	0.00
销售部	销售主管	王倩	15,200.00	1,596.00	1,216.00	1,400.00	5,000.00	5,988.00	179.64	0.00	179.64
	销售员	李林	8,200.00	861.00	656.00	2,000.00	5,000.00	0.00	0.00	0.00	0.00
	销售员	王凯	6,200.00	651.00	496.00	0.00	5,000.00	53.00	1.59	0.00	1.59
仓库部	仓库主管	徐旦波	8,000.00	840.00	640.00	1,000.00	5,000.00	520.00	15.60	0.00	15.60
	仓管员	李元明	4,500.00	472.50	360.00	0.00	5,000.00	0.00	0.00	0.00	0.00
采购部	采购主管	王峰	12,200.00	1,281.00	976.00	1,000.00	5,000.00	3,943.00	118.29	0.00	118.29
	采购员	杨涛	6,700.00	703.50	536.00	0.00	5,000.00	460.50	13.82	0.00	13.82
柴油发动机车间	车间主任	李玉松	16,700.00	1,753.50	1,336.00	0.00	5,000.00	8,610.50	285.32	0.00	258.32
	工人	马阳	6,300.00	661.50	504.00	0.00	5,000.00	134.50	4.04	0.00	4.04
	工人	张林	6,000.00	630.00	480.00	0.00	5,000.00	0.00	0.00	0.00	0.00
	工人	孟兰	5,800.00	609.00	464.00	0.00	5,000.00	0.00	0.00	0.00	0.00
汽油发动机车间	车间主任	徐俊伟	16,700.00	1,753.50	1,336.00	2,500.00	5,000.00	6,110.50	183.32	0.00	183.32
	工人	蔡云烨	6,400.00	672.00	512.00	0.00	5,000.00	216.00	6.48	0.00	6.48
	工人	高一雯	6,000.00	630.00	480.00	0.00	5,000.00	0.00	0.00	0.00	0.00
	工人	陆飞	5,500.00	577.50	440.00	0.00	5,000.00	0.00	0.00	0.00	0.00

会计主管：王晓琳　　　　　　　　　复核：　王晓琳　　　　　　　　　制单：朱红

教学专用 2-44-1

社保分配表

所属期限：2020年12月　　　　单位：元

部门	职位	姓名	本月工资基数	企业							个人				合计					
				养老保险16%	基本医疗保险7%	补充医疗保险0.55%	失业保险0.5%	工伤保险0.35%	生育保险0.8%	合计	养老保险8%	医疗保险2%	失业保险0.5%	合计	养老保险	医疗保险	失业保险	工伤保险	生育保险	合计
总经办	总经理	郑快进	20,200.00	3,232.00	1,414.00	111.10	101.00	70.70	161.60	5,090.40	1,616.00	404.00	101.00	2,121.00	4,848.00	1,929.10	202.00	70.70	161.60	7,211.40
财务部	会计主管	王晓琳	8,700.00	1,392.00	609.00	47.85	43.50	30.45	69.60	2,192.40	696.00	174.00	43.5	913.50	2,088.00	830.85	87.00	30.45	69.60	3,105.90
	会计	朱红	6,200.00	992.00	434.00	34.10	31.00	21.70	49.60	1,562.40	496.00	124.00	31.00	651.00	1,488.00	592.10	62.00	21.70	49.60	2,213.40
	出纳	张燕	4,200.00	672.00	294.00	23.10	21.00	14.70	33.60	1,058.40	336.00	84.00	21.00	441.00	1,008.00	401.10	42.00	14.70	33.60	1,499.40
行政部	行政主管	朱波	8,200.00	1,312.00	574.00	45.10	41.00	28.70	65.60	2,066.40	656.00	164.00	41.00	861.00	1,968.00	783.10	82.00	28.70	65.60	2,927.40
	内勤	陈文	4,700.00	752.00	329.00	25.85	23.50	16.45	37.60	1,184.40	376.00	94.00	23.50	493.50	1,128.00	448.85	47.00	16.45	37.60	1,677.90
	内勤	王昌强	4,200.00	672.00	294.00	23.10	21.00	14.70	33.60	1,058.40	336.00	84.00	21.00	441.00	1,008.00	401.10	42.00	14.70	33.60	1,499.40
小计			56,400.00	9,024.00	3,948.00	310.20	282.00	197.40	451.20	14,212.80	4,512.00	1,128.00	282.00	5,922.00	13,536.00	5,386.20	564.00	197.40	451.20	20,134.80
销售部	销售主管	王倩	15,200.00	2,432.00	1,064.00	83.60	76.00	53.20	121.60	3,830.40	1,216.00	304.00	76.00	1,596.00	3,648.00	1,451.60	152.00	53.20	121.60	5,426.40
	销售员	李林	8,200.00	1,312.00	574.00	45.10	41.00	28.70	65.60	2,066.40	656.00	164.00	41.00	861.00	1,968.00	783.10	82.00	28.70	65.60	2,927.40
	销售员	王凯	6,200.00	992.00	434.00	34.10	31.00	21.70	49.60	1,562.40	496.00	124.00	31.00	651.00	1,488.00	592.10	62.00	21.70	49.60	2,213.40
小计			29,600.00	4,736.00	2,072.00	162.80	148.00	103.60	236.80	7,459.20	2,368.00	592.00	148.00	3,108.00	7,104.00	2,826.80	296.00	103.60	236.80	10,567.20
仓库部	仓库主管	徐旦波	8,000.00	1,280.00	560.00	44.00	40.00	28.00	64.00	2,016.00	640.00	160.00	40.00	840.00	1,920.00	764.00	80.00	28.00	64.40	2,856.00
	仓管员	李元明	4,500.00	720.00	315.00	24.75	22.50	15.75	36.00	1,134.00	360.00	90.00	22.50	472.50	1,080.00	429.75	45.00	15.75	36.00	1,606.50
采购部	采购主管	王峰	12,200.00	1,952.00	854.00	67.10	61.00	42.70	97.60	3,074.40	976.00	244.00	61.00	1281.00	2,928.00	1,165.10	122.00	42.70	97.60	4,355.40
	采购员	杨涛	6,700.00	1,072.00	469.00	36.85	33.50	23.45	53.60	1,688.40	536.00	134.00	33.50	703.50	1,608.00	639.85	67.00	23.45	53.60	2,391.90
小计			31,400.00	672.00	2,198.00	172.70	157.00	109.90	251.20	7,912.80	2,512.00	628.00	157.00	3,297.00	7,536.00	2,998.70	314.00	109.90	251.20	11,209.80
柴油发动机车间	车间主任	李玉松	16,700.00	2,672.00	1,169.00	91.85	83.50	58.45	133.60	4,208.40	1,336.00	334.00	83.50	1,753.50	4,008.00	1,594.85	167.00	58.45	133.60	5,961.90
	工人	马阳	6,300.00	1,008.00	441.00	34.65	31.50	22.05	50.40	1,587.60	504.00	126.00	31.50	661.50	1,512.00	601.65	63.00	22.05	50.40	2,249.10
	工人	张林	6,000.00	960.00	420.00	33.00	30.00	21.00	48.00	1,512.00	480.00	120.00	30.00	630.00	1,440.00	573.00	60.00	21.00	48.00	2,142.00
	工人	孟兰	5,800.00	928.00	406.00	31.90	29.00	20.30	46.40	1,461.60	464.00	116.00	29.00	609.00	1,392.00	553.90	58.00	20.30	46.40	2,070.60
小计			34,800.00	5,568.00	2,346.00	191.40	174.00	121.80	278.40	8,769.60	2,784.00	696.00	174.00	3,654.00	8,352.00	3,323.40	348.00	121.80	278.40	12,423.60
汽油发动机车间	车间主任	徐俊伟	16,700.00	2,672.00	1,169.00	91.85	83.50	58.45	133.60	4,208.40	1,336.00	334.00	83.50	1,753.50	4,008.00	1,594.85	167.00	58.45	133.60	5,961.90
	工人	蔡云烨	6,400.00	1,024.00	448.00	35.20	32.00	22.40	51.20	1,612.80	512.00	128.00	32.00	672.00	1,536.00	611.20	64.00	22.40	51.20	2,284.80
	工人	高一雯	6,000.00	960.00	420.00	33.00	30.00	21.00	48.00	1,512.00	480.00	120.00	30.00	630.00	1,440.00	573.00	60.00	21.00	48.00	2,142.00
	工人	陆飞	5,500.00	880.00	385.00	30.25	27.50	19.25	44.00	1,386.00	440.00	110.00	27.50	577.50	1,320.00	525.25	55.00	19.25	44.00	1,963.50
小计			34,600.00	5,536.00	2,422.00	190.30	173.00	121.10	555.20	8,719.20	2,768.00	692.00	173.00	3,633.00	8,304.00	3,304.30	346.00	121.10	276.80	12,352.20
合计			186,800.00	29,888.00	13,076.00	1,027.40	934.00	653.80	1,494.40	47,073.60	14,944.00	3,736.00	934.00	19,614.00	44,832.00	17,839.40	1,868.00	653.80	1,494.40	66,687.60

会计主管：王晓琳　　　　复核：　王晓琳　　　　制单：朱红

住房公积金分配表

所属期限：2020年12月 单位：元

部门	职位	姓名	本月工资基数	单位应缴8%	个人应缴8%	合计
总经办	总经理	郑快进	20,200.00	1,616.00	1,616.00	3,232.00
财务部	会计主管	王晓琳	8,700.00	696.00	696.00	1,392.00
	会计	朱红	6,200.00	496.00	496.00	992.00
	出纳	张燕	4,200.00	336.00	336.00	672.00
行政部	行政主管	朱波	8,200.00	656.00	656.00	1312.00
	内勤	陈文	4,700.00	376.00	376.00	752.00
	内勤	王昌强	4,200.00	336.00	336.00	672.00
小计			56,400.00	4,512.00	4,512.00	9,024.00
销售部	销售主管	王倩	15,200.00	1,216.00	1,216.00	2,432.00
	销售员	李林	8,200.00	656.00	656.00	1,312.00
	销售员	王凯	6,200.00	496.00	496.00	992.00
小计			29,600.00	2,368.00	2,368.00	4,736.00
仓库部	仓库主管	徐旦波	8,000.00	640.00	640.00	1280.00
	仓管员	李元明	4,500.00	360.00	360.00	720.00
采购部	采购主管	王峰	12,200.00	976.00	976.00	1,952.00
	采购员	杨涛	6,700.00	536.00	536.00	1,072.00
小计			31,400.00	2,512.00	2,512.00	5,024.00
柴油发动机车间	车间主任	李玉松	16,700.00	1,336.00	1,336.00	2,072.00
	工人	马阳	6,300.00	504.00	504.00	1,008.00
	工人	张林	6,000.00	480.00	480.00	960.00
	工人	孟兰	5,800.00	464.00	464.00	928.00
小计			34,800.00	2,784.00	2,784.00	5,568.00
汽油发动机车间	车间主任	徐俊伟	16,700.00	1,336.00	1,336.00	2,672.00
	工人	蔡云烨	6,400.00	512.00	512.00	1,024.00
	工人	高一雯	6,000.00	480.00	480.00	960.00
	工人	陆飞	5,500.00	440.00	440.00	880.00
小计			34,600.00	2,768.00	2,768.00	5,536.00
合计			186,800.00	14,944.00	14,944.00	29,888.00

会计主管：王晓琳 复核： 王晓琳 制单：朱红

教学专用 2-46-1

产品情况记录表

2020年12月31日

项目	汽油发动机车间	柴油发动机车间
月初在产品	0	0
本月投产	170	80
本月完工	170	80
月末在产品	0	0
完工率	100%	100%
约当在产品产量		
产量合计		

教学专用 2-46-2

待分配制造费用分配表

2020年12月31日

产品	单位标准工时（小时）①	产量合计②	总工时③=①×②	分配率④	分配金额⑤=③×④
汽油发动机	110				
柴油发动机	100				
合计					

教学专用 **2-46-3**

制造费用计算表

2020年12月31日

产品	直接归属制造费用	待分配制造费用	制造费用合计
汽油发动机			
柴油发动机			

教学专用 **2-47-1**

“生产成本”明细账

2020年12月

产品名称：汽油发动机　　　　单位：元

年		凭证号数		摘要	借方	成本项目		
月	日	字	号			直接材料	直接人工	制造费用

教学专用 **2-47-2**

“生产成本”明细账

2020年12月

产品名称：柴油发动机　　　　单位：元

年		凭证号数		摘要	借方	成本项目		
月	日	字	号			直接材料	直接人工	制造费用

教学专用 2-47-3

产品成本计算表

2020年12月31日

产品名称：汽油发动机　　　　单位：元

摘要	直接材料	直接人工	制造费用	合计
月初在产品费用				
本月生产费用				
本月生产费用合计				
月末在产品约当产量				
完工产品数量				
约当产量合计				
费用分配率				
完工产品成本				
月末在产品成本				

教学专用 2-47-4

产品成本计算表

2020年12月31日

产品名称：柴油发动机　　　　单位：元

摘要	直接材料	直接人工	制造费用	合计
月初在产品费用				
本月生产费用				
本月生产费用合计				
月末在产品约当产量				
完工产品数量				
约当产量合计				
费用分配率				
完工产品成本				
月末在产品成本				

教学专用 2-47-5

入库单　　年　月　日　　No. 1455087

单位（部门）：

货号	品名及规格	单位	数量	单价	金额	备注
合计						

①存根（白）②记账（红）③回执（黄）

主管　会计　记账　保管　验收　制单

教学专用 2-48-1

出库单　　年　月　日　　No. 0808976

单位（部门）：

货号	品名及规格	单位	数量	单价	金额	备注
合计						

①存根（白）②记账（红）③回执（黄）

主管　会计　记账　保管　提货人　制单

教学专用 **2-49-1**

未交增值税计提表

项目	金额（元）
1．销项税额	
2．进项税额	
3．上期留抵税额	
4．进项税额转出	
5．本月应交增值税（5=1-2-3+4）	

教学专用 **2-50-1**

附加税费计提表

2020年12月

应交税费明细项目	计算依据	金额 ①	税率 ②	应纳税费 ③=①×②	备注
城市维护建设税	应交增值税				
教育费附加	应交增值税				
地方教育费附加	应交增值税				
合计					

教学专用 **2-51-1**

所得税计提表

2020年12月

项目	本期金额	累计金额
营业收入		
营业成本		
利润总额		
税率	25%	25%
应纳所得税额		
实际应预缴所得税额		
本月实际应预缴纳所得税额		

会计主管：王晓琳　　　　复核：　王晓琳　　　　制单：朱红

京州市新大风发动机制造厂

当期损益汇总计算表

2020年12月

结转科目		借方	贷方
收益类	主营业务收入		
	其他业务收入		
	营业外收入		
	投资收益		
	公允价值变动损益		
成本费用税金类	主营业务收入		
	其他业务收入		
	营业外收入		
	管理费用		
	销售费用		
	财务费用		
	税金及附加		
	资产减值损失		
	所得税费用		
合　计			
当期损益（收益—成本费用税金）			
备注：当期损益正数为盈利，负数为亏损。			

教学专用 2-53-1

京州市新大风发动机制造厂

当期损益汇总计算表

2020年12月

结转科目		借方	贷方
收益类	主营业务收入		
	其他业务收入		
	营业外收入		
	投资收益		
	公允价值变动损益		
成本费用税金类	主营业务收入		
	其他业务收入		
	营业外收入		
	管理费用		
	销售费用		
	财务费用		
	税金及附加		
	资产减值损失		
	所得税费用		
合　计			
当期损益（收益−成本费用税金）			
备注：当期损益正数为盈利，负数为亏损。			

教学专用 2-55-1

法定盈余公积计提表

2020年12月

项　目	金额（元）
本年度净利润	
提取比例	10%
应提取的法定盈余公积	

会计主管：王晓琳　　复核：　王晓琳　　制单：朱红

附　录

记账凭证

年　月　日　　　　　　　　凭证字 记　　号

摘要	会计科目		借方金额											贷方金额											记账√
	总账科目	明细科目	亿	千	百	十	万	千	百	十	元	角	分	亿	千	百	十	万	千	百	十	元	角	分	
合　计																									

附单据　　张

会计主管：　　　记账：　　　出纳：　　　审核：　　　制单：

记账凭证

年　月　日　　　　　　　　凭证字 记　　号

摘要	会计科目		借方金额											贷方金额											记账√
	总账科目	明细科目	亿	千	百	十	万	千	百	十	元	角	分	亿	千	百	十	万	千	百	十	元	角	分	
合　计																									

附单据　　张

会计主管：　　　记账：　　　出纳：　　　审核：　　　制单：

科目汇总表

汇字第　　号

年　月　日至　月　日　　　记账凭证：　字第　号至第　号起

会计科目	本期发生额汇总		会计科目	本期发生额汇总	
	借方	贷方		借方	贷方

财务主管　　　　记账　　　　复核　　　　制表

试 算 平 衡 表

年　月　日　　　　　　　　单位：元

总账科目	期初余额		本期发生额		期末余额	
	借方	贷方	借方	贷方	借方	贷方
合计						

财务主管　　　　　　　　复核　　　　　　　　制表

库存现金日记账

第______页

年		凭证		摘要	对方科目	借方										贷方										余额										√
月	日	种类	号数			千	百	十	万	千	百	十	元	角	分	千	百	十	万	千	百	十	元	角	分	千	百	十	万	千	百	十	元	角	分	
																																				□
																																				□
																																				□
																																				□
																																				□
																																				□
																																				□
																																				□
																																				□
																																				□
																																				□
																																				□
																																				□
																																				□
																																				□
																																				□
																																				□
																																				□
																																				□
																																				□
																																				□
																																				□

第______页

银行存款日记账

开户银行______

账　　号______

年		凭证		摘要	对方科目	借方										贷方										余额										√
月	日	种类	号数			千	百	十	万	千	百	十	元	角	分	千	百	十	万	千	百	十	元	角	分	千	百	十	万	千	百	十	元	角	分	
																																				□
																																				□
																																				□
																																				□
																																				□
																																				□
																																				□
																																				□
																																				□
																																				□
																																				□
																																				□
																																				□
																																				□
																																				□
																																				□
																																				□
																																				□
																																				□
																																				□
																																				□
																																				□

账簿启用及交接表

机构名称		印鉴
账簿名称	（第　　册）	
账簿编号		
账簿页数	本账簿共计　　　页（本账簿页数 检点人盖章　　　　）	
启用日期	公元　　　年　　　月　　　日	

经管人员	负责人		主办会计		复核		记账	
	姓名	盖章	姓名	盖章	姓名	盖章	姓名	盖章

交接记录	经管人员		接管				交出			
	职别	姓名	年	月	日	盖章	年	月	日	盖章

备注	

账簿目录表

账户名称	账号	总页码	账户名称	账号	总页码	账户名称	账号	总页码

明细账

第　　页

级科目　　　　级科目　　　　级科目

年		凭证		摘要	借方金额												贷方金额												借或贷	余额											
月	日	种类	号数		十	亿	千	百	十	万	千	百	十	元	角	分	十	亿	千	百	十	万	千	百	十	元	角	分		十	亿	千	百	十	万	千	百	十	元	角	分

明细账

第　　页

级科目　　　　级科目　　　　级科目

年		凭证		摘要	借方金额												贷方金额												借或贷	余额											
月	日	种类	号数		十	亿	千	百	十	万	千	百	十	元	角	分	十	亿	千	百	十	万	千	百	十	元	角	分		十	亿	千	百	十	万	千	百	十	元	角	分

总页 ________ 分页 ________

类别

固定资产明细账

停止使用日期				
恢复使用日期				

耐用年限：________________ 使用部门：________________ 固定资产编号：________________

残　　值：________________ 存放地点：________________ 固定资产名称：________________

折旧率每年：________% 每月________% 厂名型号：________________ 固定资产规格：________________

折旧额每年：________元 每月________元 始用日期：________________ 固定资产单位：________________

年		凭证字号	摘　要	单价	借　方											贷　方																					余　额										
					数量	金　额										数量	折旧金额										累计折旧额										数量	金　额									
月	日					千	百	十	万	千	百	十	元	角	分		千	百	十	万	千	百	十	元	角	分	千	百	十	万	千	百	十	元	角	分		千	百	十	万	千	百	十	元	角	分

总页 ________ 分页 ________

类别

固定资产明细账

停止使用日期				
恢复使用日期				

耐用年限：________________ 使用部门：________________ 固定资产编号：________________

残　　值：________________ 存放地点：________________ 固定资产名称：________________

折旧率每年：________% 每月________% 厂名型号：________________ 固定资产规格：________________

折旧额每年：________元 每月________元 始用日期：________________ 固定资产单位：________________

年		凭证字号	摘　要	单价	借　方											贷　方																					余　额										
					数量	金　额										数量	折旧金额										累计折旧额										数量	金　额									
月	日					千	百	十	万	千	百	十	元	角	分		千	百	十	万	千	百	十	元	角	分	千	百	十	万	千	百	十	元	角	分		千	百	十	万	千	百	十	元	角	分

明细账

第　　　　页

编号名称　　　　存放地点　　　　寄存放地点　　　　计量单位　　　　规格　　　　类别

年		凭证字号	摘要	收入													发出													站存												
				数量	单价	金额											数量	单价	金额											数量	单价	金额										
月	日					亿	十	百	十	万	千	百	十	元	角	分			亿	十	百	十	万	千	百	十	元	角	分			亿	十	百	十	万	千	百	十	元	角	分

明细账

第　　　　页

编号名称　　　　存放地点　　　　寄存放地点　　　　计量单位　　　　规格　　　　类别

年		凭证字号	摘要	收入													发出													站存												
				数量	单价	金额											数量	单价	金额											数量	单价	金额										
月	日					亿	十	百	十	万	千	百	十	元	角	分			亿	十	百	十	万	千	百	十	元	角	分			亿	十	百	十	万	千	百	十	元	角	分

年		凭证号数	摘要	借方									贷方									借或贷	余额																																					
月	日			百	十	万	千	百	十	元	角	分	百	十	万	千	百	十	元	角	分		百	十	万	千	百	十	元	角	分	百	十	万	千	百	十	元	角	分	百	十	万	千	百	十	元	角	分	百	十	万	千	百	十	元	角	分

总第______页　分第______页

____级科目编号及名称____________

____级科目编号及名称____________

百	十	万	千	百	十	元	角	分	百	十	万	千	百	十	元	角	分	百	十	万	千	百	十	元	角	分	百	十	万	千	百	十	元	角	分	百	十	万	千	百	十	元	角	分	百	十	万	千	百	十	元	角	分	百	十	万	千	百	十	元	角	分	百	十	万	千	百	十	元	角	分	百	十	万	千	百	十	元	角	分	百	十	万	千	百	十	元	角	分

总第______页　分第______页

____级科目编号及名称______________

____级科目编号及名称______________

应交税费——应交

年		凭证		摘要	借方																																																										
					进项税额										已交税金																														转出未交增值税										合计										
月	日	种类	号数		千	百	十	万	千	百	十	元	角	分	千	百	十	万	千	百	十	元	角	分	千	百	十	万	千	百	十	元	角	分	千	百	十	万	千	百	十	元	角	分	千	百	十	万	千	百	十	元	角	分	亿	千	百	十	万	千	百	十	元	角	分

增值税明细账

总第______页　分第______页

______级科目编号及名称______________

______级科目编号及名称______________

<table>
<tr><th colspan="71">贷　方</th><th rowspan="3">借或贷</th><th colspan="11" rowspan="2">金　额</th></tr>
<tr><th colspan="10">销项税额</th><th colspan="10">出口退税</th><th colspan="10">进项税额转出</th><th colspan="10"></th><th colspan="10"></th><th colspan="10">转出多交增值税</th><th colspan="11">合　计</th></tr>
<tr><th>千</th><th>百</th><th>十</th><th>万</th><th>千</th><th>百</th><th>十</th><th>元</th><th>角</th><th>分</th><th>千</th><th>百</th><th>十</th><th>万</th><th>千</th><th>百</th><th>十</th><th>元</th><th>角</th><th>分</th><th>千</th><th>百</th><th>十</th><th>万</th><th>千</th><th>百</th><th>十</th><th>元</th><th>角</th><th>分</th><th>千</th><th>百</th><th>十</th><th>万</th><th>千</th><th>百</th><th>十</th><th>元</th><th>角</th><th>分</th><th>千</th><th>百</th><th>十</th><th>万</th><th>千</th><th>百</th><th>十</th><th>元</th><th>角</th><th>分</th><th>千</th><th>百</th><th>十</th><th>万</th><th>千</th><th>百</th><th>十</th><th>元</th><th>角</th><th>分</th><th>亿</th><th>千</th><th>百</th><th>十</th><th>万</th><th>千</th><th>百</th><th>十</th><th>元</th><th>角</th><th>分</th><th>亿</th><th>千</th><th>百</th><th>十</th><th>万</th><th>千</th><th>百</th><th>十</th><th>元</th><th>角</th><th>分</th></tr>
</table>

账簿启用及交接表

机构名称		印鉴
账簿名称	（第　　册）	
账簿编号		
账簿页数	本账簿共计　　　　页（本账簿页数 检点人盖章　　　　）	
启用日期	公元　　年　　月　　日	

经管人员	负责人		主办会计		复核		记账	
	姓名	盖章	姓名	盖章	姓名	盖章	姓名	盖章

交接记录	经管人员		接管				交出			
	职别	姓名	年	月	日	盖章	年	月	日	盖章

备注	

账 簿 目 录 表

账户名称	账号	总页码	账户名称	账号	总页码	账户名称	账号	总页码

总分类账

第______页

年		凭证		摘要	借方金额												贷方金额												借或贷	余额												√
月	日	种类	号数		十	亿	千	百	十	万	千	百	十	元	角	分	十	亿	千	百	十	万	千	百	十	元	角	分		十	亿	千	百	十	万	千	百	十	元	角	分	
																																										□
																																										□
																																										□
																																										□
																																										□
																																										□
																																										□
																																										□
																																										□

总分类账

第______页

年		凭证		摘要	借方金额												贷方金额												借或贷	余额												√
月	日	种类	号数		十	亿	千	百	十	万	千	百	十	元	角	分	十	亿	千	百	十	万	千	百	十	元	角	分		十	亿	千	百	十	万	千	百	十	元	角	分	
																																										□
																																										□
																																										□
																																										□
																																										□
																																										□
																																										□
																																										□
																																										□

资产负债表

年　月　日　　　　会企01表

编制单位：　　　　单位：元

资产	期末余额	年初余额	负债和所有者权益	期末余额	年初余额
流动资产：			流动负债：		
货币资金			短期借款		
交易性金融资产			交易性金融负债		
应收票据			应付票据		
应收收款			应付账款		
预付账款			预收账款		
应收利息			应付职工薪酬		
应收股利			应交税费		
其他应收款			应付利息		
存货			应付股利		
一年内到期的非流动资产			其他应付款		
其他流动资产			一年内到期的非流动负债		
流动资产合计			其他流动负债		
非流动资产：			流动负债合计		
可供出售金融资产			非流动负债：		
持有至到期投资			长期借款		
长期股权投资			应付债券		
投资性房地产			长期应付款		
固定资产			预计负债		
在建工程			递延所得税负债		
工程物资			其他非流动负债		
固定资产清理			非流动负债合计		
无形资产			负债合计		
开发支出			实收资本（或股本）		
商誉			资本公积		
长期待摊费用			减：库存股		
递延所得税资产			盈余公积		
其他非流动资产			未分配利润		
非流动资产合计			所有者权益合计		
资产合计			负债和所有者权益总计		

单位负责人：　　　　会计主管：　　　　复核：　　　　制表：

教学专用

利润表

会企 02 表

编制单位： 年 月 单位：元

项目	本期金额	上期金额
一、营业收入		
减：营业成本		
税金及附加		
销售费用		
管理费用		
财务费用		
资产减值损失		
加：公元价值变动收益（损失以“—”填列）		
投资收益（损失以“—”填列）		
其中：对联营企业和合营企业的投资收益		
二、营业机构（亏损以“—”填列）		
加：营业外收入		
减：营业外支出		
支出：非流动资产处置损失		
三、利润总额（亏损以“—”填列）		
减：所得税费用		
四、净利润（净亏损以“—”填列）		
五、每股收益		
（一）基本每股收益		
（二）稀释每股收益		

单位负债人： 会计主管： 复核： 制表：

凭 证 封 面

编号：______

20　年　月份

单位名称：____

记账凭证：自第________号至第__________号止共计__________张

凭证汇总表：自第________号至第__________号止共计__________张

附　　件：____张

册　　数：第__________________册　共__________________册

起讫日期：自 20____年____月____日　至 20____年____月____日

财务主管：________　装订：________

抽出附件登记簿

抽出日期			抽出附件的详细名称	抽出理由	抽取人签章	财会主管签章	备注
年	月	日					

增值税专用发票（抵扣联）封面

单位名称＿＿＿＿	汇总扣税额＿＿＿＿
本月总册数＿＿＿＿	本册编号＿＿＿＿
本册张数＿＿＿＿	验票人＿＿＿＿

日期　　年　　月　　日 至　　年　　月　　日

24×14cm（通）

抽出附件登记簿

抽出日期			抽出附件的详细名称	抽出理由	抽取人签章	财会主管签章	备注
年	月	日					

—年月第　号至第　号　第　册 共　册

—年月第　号至第　号　第　册 共　册

—年月第　号至第　号　第　册 共　册

—年月第　号至第　号　第　册 共　册

包角使用说明：

该面朝上，与凭证左上角对齐，打孔、穿线并结紧后，沿折叠线往上折，将角的两翼往后折并用胶水粘紧。

穿孔

折叠线

沿虚线裁下成两个十字包角

包角使用说明：

该面朝上，与凭证左上角对齐，打孔、穿线并结紧后，沿折叠线往上折，将角的两翼往后折并用胶水粘紧。

折叠线

穿孔

穿孔

折叠线

包角使用说明：

该面朝上，与凭证左上角对齐，打孔、穿线并结紧后，沿折叠线往上折，将角的两翼往后折并用胶水粘紧。

沿虚线裁下成两个十字包角

包角使用说明：

该面朝上，与凭证左上角对齐，打孔、穿线并结紧后，沿折叠线往上折，将角的两翼往后折并用胶水粘紧。

折叠线

穿孔

京州市新大风发动机制造厂

日　　　　记　　　　账

（库存现金、银行存款）

2020 年度

账簿启用及交接表

机构名称		印鉴
账簿名称	（第　　册）	
账簿编号		
账簿页数	本账簿共计　　　　页（本账簿页数 检点人盖章　　　　）	
启用日期	公元　　年　　月　　日	

经管人员	负责人		主办会计		复核		记账	
	姓名	盖章	姓名	盖章	姓名	盖章	姓名	盖章

交接记录	经管人员		接管				交出			
	职别	姓名	年	月	日	盖章	年	月	日	盖章

备注	

日记账封底

京州市新大风发动机制造厂

明　　细　　分　　类　　账

2020 年度

明细分类账封底

京州市新大风发动机制造厂

总　分　类　账

2020 年度

总分类账封底

会计报表封面

会 计 报 表

企业名称＿＿＿＿＿＿＿＿

＿＿＿＿＿＿年度

＿＿＿＿＿＿季度

＿＿＿＿＿＿月度

企业负责人＿＿＿＿＿＿　会计主管人员＿＿＿＿＿＿

制　　　表＿＿＿＿＿＿　报 送 日 期＿＿＿＿＿＿

会计报表封底